大展好書　好書大展
品嘗好書　冠群可期

大展好書　好書大展
品嘗好書　冠群可期

命理與預言8

住宅風水吉凶判斷法

■琪輝／著

現代科學爲古人的智慧作證的書

大展出版社有限公司　印行

推荐的話㈠

舊瓶新裝、價值連城

人類已經可以到月球，這是現代科學的勝利。但是，在地球上的日常生活裏，不少人還信奉古代「供神佛於東北角以避災禍」、「某一天是大安之日」、「丙午年火災多」、「某某年生的女人會剋夫」之類的迷信。古時候的這些說法，或許有當時的科學根據，才成為生活上的一種智慧。身為現代人，如果不站在科學的觀點，去研判它的可靠性，只一味地迷信或否定——這種態度都不敢令人恭維。

尤其是住家的設計，由於它含有家族們日常的心理，對「房子的風水」，格外有必要做現代式的「診斷」，然後，從古老的傳說中，發掘出科學的根據，拿它做為新時代新設計的智慧。

對現代家庭生活以及房子的設計家而言，這的確是值得重視的事。本書從這個角度，為古代的「住宅風水」之說，一一做了現代科學上，建築上的詮釋和作證。是一本價值創新，實用度極高的書。

東京工業大學名譽教授・谷口吉郎

推荐的話㈡

現代人都該人手一册的實用書

小時候，我家附近有一棟空房子，孩童們稱為「鬼屋」，大人們稱為「三角形不吉之屋」。

這次，看了這本「住宅風水吉凶判斷法」，才真正了解到：「三角形建地為不吉」的科學根據，三十年來的疑問，這才一掃而光。

與日常生活密不可分的住宅，它講究的第一個條件，應該是「住來舒適」。無奈，絕大多數的人，對個中道理所知無多，甚至一竅不通。

這本書，把自古相傳的種種有關「住宅風水」的問題，從現代建築學的角度，一一加以剖析，告訴我們該注意些什麼。

就要蓋房子，或是打算買房子，租房子，以及關心住宅的人，都有必要買這一本書，細加研讀，多方應用，創造自己幸福的將來。

早稻田大學理工學院院長・吉阪隆正

「風水之談」絕不是迷信——原序

這本書，主要是根據現代建築學的理論，對中國自古相傳的「住宅風水譚」中的各種內容，加以印證、引申，指出現代人如何選擇最佳住宅的方法。

平時，我對「住宅的風水」就有濃厚的興趣。因爲，從古時候談及「住宅風水」的書，可以了解古人對「房子」作何想法的各種有趣的線索。

由於這個緣故，一有機會，我就到舊書店、圖書館，涉獵這一類中國的古書。

經過一番整理，我才發現，以大衆爲對象而寫的「住宅風水」的書，包括日本人在江戶時代（一六〇三～一八六七）陸陸續續出版的，至少也有數十種。

「住宅風水」之說，源自中國古代，它，不但影響了日本的宮廷建築，後來，也普及到民間。

我對這些書徹底研究之後，發現一個事實：

住宅風水之說，蘊含了衆多現代建築學的眞理，絕不能視爲「迷信」而輕易否定。

談「住宅風水」的書，內容大致分爲三大類。

㈠與現代建築和工學不謀而合的「住的學問」。

在建築技術還沒十分發達，建材種類有限的古代，爲了使「房子」住來舒適，中國古人充分發揮了他們的智慧——藉家相學指出「住的學問」。

以內容而論，這些書等於把現代建築的基準、設計技術融於一爐。

㈡與社會上的禁忌有關的各種原理。

例如，「家有孕婦，住宅就不能動任何工程」，這個禁忌，就是爲了不讓孕婦過分勞動，而以「風水上的禁忌」這種方式表現的結果。

㈢現代科學也無法解釋的一些理論。例如，「陰陽五行之說」便是。

迄今爲止，很多人還認爲「住宅的風水」是一種迷信而不屑一顧，這也難怪，因爲他們只注目於第三種內容，才有這種態度。

其實，只要深入探討，不難發現「住宅風水之說」，與現代建築學、住宅學，頗多吻合之處。

不，它甚至爲偏重技術和經濟價值，而忽略了居住者的現代建築學，指出盲點，敲響警鐘。

由於這個緣故，我就從衆多「住宅風水」的古書中，選出符合第一類（與現代建築學的道理有所吻合的），以及第二類（社會上常見的禁忌）爲內容，寫了這一本現代化的「住宅風水吉凶判斷法」。

讀者可以把這本書當做「科學時代的風水秘笈」。只要經常翻閱，您將得到下列各種好處。

㈠卽將蓋房子的人：可以在如何選擇用地、如何設計、如何進行工程等方面，獲得最佳的忠言。

㈡卽將買房子或租房子的人：「可以學通如何選擇住來舒適，鴻運自來的住宅，使你的人生更爲幸福。

㈢有意使房子的風水轉好的人：「可以從這本書獲得無往不利的各種「啟示」。

目錄

第一章 從環境断吉凶

1座落於山尾的高崖下，或是山谷出口處的房子——凶

・位於山脊尾端或谷口之住屋，福份難全，病患不絕（「風水一覽」）

一座或數座山的山脊，到了末端，與平地成陡角，呈現峭立狀——這個斜面下方的土地，便是「山脊尾端」。

兩山間流水的通路，原是又窄又急，一到了平地就變得又寬又緩——這個一變而爲又寬又緩的部分，就是「山谷的出口處」。

「風水一覽」中的這句話，明白指出，有這種地形的處所，極有可能遇到洪水，或是山崖崩潰的危險。

以現代地理學的眼光來看，這是顚撲不破的眞理。

這種地形，在地理學上稱爲扇狀地。原是坡度急峭的谷川，一到這個地帶，頓時變爲坡度緩和，流勢緩慢，因此，河水沖來的泥沙就在這裏沈澱下來。

尤其，洪水一現，山土被削，大量流到谷川出口處。這時候，那些土沙就以出口處爲扇軸，

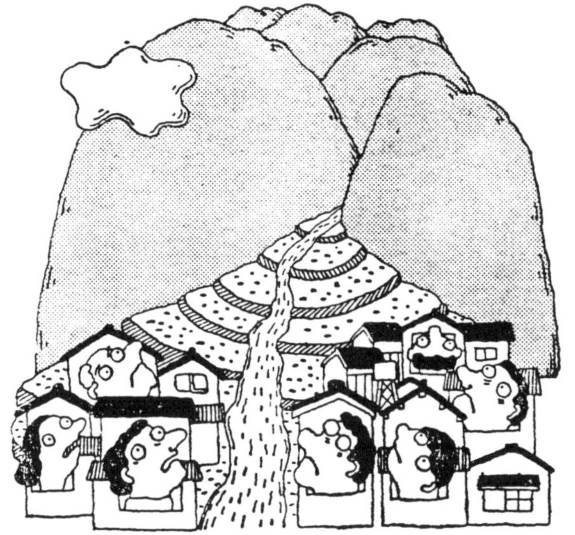

座落於山尾的高崖下，或山谷出口處的房子危險

積成扇狀，出現一片新生地。

這樣的新生地，由於背後是山，前面是開濶地，景致甚佳，交通也相當方便，乍看，倒是個做住宅地的理想環境。

至於，它所孕育的危險（例如，豪雨後的洪水，山崖的崩潰等等），卻很少有人顧慮到。這些危險，隨時都有發生的可能。

日本神戶市就是孕育這種危險的好例子。

神戶市建立在「湊川」、「生田川」兩條河流形成的扇狀地上面。背後是六甲山，前面是神戶港，景觀之佳，遠近馳名，但是，從風水上來說，它正好住於「山脊之尾，山谷之出口處」，所以，不時面臨河川泛濫，山崖崩潰的危險。

神戶市當局爲了防患未然，對於建地的限制，至爲嚴格。面臨此類危險的都市或地區，都厲行建地的限制，道理就在這裏。

如果你想買此類新生的土地，務必探查清楚，那塊土地是不是在這種限制之下。

即使沒有什麼限制，也該查出：

㈠爲什麼目前爲止沒有人住在哪裏？

㈡是不是孕育著什麼危險，才無人問津？

把這些疑問查清之後再決定購買與否，那才是上上之策。千萬不要只被「風景絕佳，環境幽靜」，「價格合理，交涌方便」之類廣告用詞迷住，而貿然出手。

2 蓋房子在路的盡頭——大凶

・以路之盡頭處爲住宅，大凶也（「風水秘錄」）

所謂「路的盡頭」，有兩種情況，第一種是：T形路的盡頭；第二種是：死巷的盡頭處。

㈠T形路盡頭處的房子，有兩種害處。

‧⑴、古時候，敵人來襲時，T形路盡頭處是最容易遭致攻擊的地方。而，對守備的一方來說，這個地方卻成爲阻止敵人攻擊的據點。

古時候，很多城邑，爲了遏止敵方的侵襲，就有了T字形路連串出現的「都市計劃」。

‧⑵、T形路盡頭處的房子，總是面對很大的風，這是它的第二個缺點。

尤其是發生暴風雨的時候，强風總是穿過兩排之間的路，直吹到盡頭處的房子，風勢之大，衝力之猛，至爲可觀。

萬一發生了火災，那就更有得瞧了。火災在强風的煽動下，直趨盡頭處的房子，災情之慘重，不難想像。

由於有這樣的弊害，盡頭處的房子，才被當做「具有凶兆」。

現代的「都市計劃」，不必爲了防止敵人的攻擊而故意設計衆多T形路，但是，座落於這種T形路盡頭的房子，倒有被汽車衝進來的可能。

㈡死巷盡頭處的房子，有三種缺點。

‧⑴、一定要通過別人房子的前面，才能走到外面，如果，那條道路是私人的土地，以現代的法律來說，對方若要求「過路費」，你就非給不可。

・⑵、危險性很高。死巷盡頭處的房子，後面如果沒有道路，偏偏又在前面發生了火災，那就逃奔無路，極有可能葬身火窟呢。

・⑶、以現代的建築法規來說，要在死巷盡頭處蓋房子，就得受到諸多限制。這種限制，因各國而異，之所以如此，無非是爲了死巷盡頭處的房子，有諸多危險。

在道路盡頭蓋房子（或租房子），能免則免，如果，非住在那種地方不可，至少要有「防火」用的緊急通路，否則，遲早有悔恨莫及的一天。

3房子西方有大馬路——吉

・住宅正西方有大路，吉也（「住宅風水秘笈」）

住宅正西方有大馬路，可說是吉利之相。它的好處有二：

㈠容易確保私密性。

住宅正面處的窗口，出入口等開口的部份，如果越少就越有私密性。因爲，訪客也好，推銷員也好，行人也好，都不容易看到屋內的動靜。

通常，住宅的西面，爲了防止西日照射，是整個屋子當中，必須把開口部分減至最少的方位。

從這一點而言，如果建築用地的西邊有了馬路，設立入口和玄關，就不必大費腦筋。

而且，由於開口部分必須減至最少，不但可以確保私密性，還有阻止噪音和污染空氣入侵的好處。

古時候的馬路，以行人專用居多，時下的馬路卻變成車輛專用居多，噪音和空氣污染也就隨著大增，因此，如何防止這些公害，就成了住宅設計上最重要的事。

住宅正西方有馬路（也就是說，面對道路的一邊，必須把開口部分減少），就可以把正門設在面對道路的一邊，窗口也不得不盡量減少，如此一來，既可確保私密，也能防止噪音和污染的空氣入侵，可說是一舉數得。

㈡可以把建築用地做最有效果的運用。

通常，在一塊建築用地蓋房子的時候，配置的方式是：把房子蓋在用地的西方和北方，東方和南方則盡量闢成庭院。

西邊若有馬路，東、南方的用地就不會被道路所佔，庭院就能規劃得廣濶。

又，房子的東、南、西方（四個方向中至少有三個方向），也不必跟緊鄰的建築用地，密接在一起，這是另一個好處。

在這種土地上蓋房子，房間的配置也很容易。

你可以把玄關設在面對道路的一邊，或是北邊。將窗口可以較少的房間，配置於房子的北邊和西邊，日光容易照到的東邊、南邊，則盡量把開口部分放大，當做起居間、孩童房等等需要私密性的房間。

房子北邊有道路的土地，也有類此的好處，但是，由於北風會從玄關吹進，爲了避免這個現象，連接門與玄關的線，必須注意到不與風向一致。

房子南邊若有道路，則利弊互見。

好處：面對道路的部分，與對面的住宅有了一段距離，採光方面站在絕對有利的局面。卽使道路對面蓋了大廈，也不至於遮住了陽光。

缺點：房子的南邊，開口部分較多，容易被外人窺見房子的內部，缺乏私密性。爲了彌補這個缺點，就得把玄關設在西邊（或是靠西的南邊），並且在通路和庭院之間，設個障眼用的東西（例如，砌上圍牆）。

4門前有大樹——凶

・巨樹在門前，災禍連連（「風水秘笈」）

門前有大樹擋住，則陽氣難進，陰氣難除。「巨樹在門前，災禍連連」這句話，主要是指這一點而言。

的確，門口若有一棵大樹，不說別的，先是對家人的出入就造成妨礙。又，雷雨大作時，也極有可能落雷，造成災害。既是大樹，落葉必多，自然而然對住宅也造成環境髒亂的結果。「風水秘笈」裏的這句警言，大概是由此而來。

這種壞處，古今皆同，不過到了現代，這個壞處就更爲顯著了，人在進出時，如果碰到大樹，可以繞過，要是以汽車代步，門口有一棵大樹擋著，豈非不方便到了家？

我們常看到郊外分割出售的土地上，把參天巨木，仍然留在原地的現象。

砍掉一棵樹，費用之高，往往超過一般人的想像。以日本的時價而言，砍掉一棵大樹，至少也要數萬日元，卽使把砍掉的樹賣出去，頂多把砍樹費抵消而已，如要連根挖走，費用必須另計。

由於有這樣的麻煩，地主雖然出售土地，對長在上面的樹卻來個「原璧奉送」，道理就在這裏。

有些人買土地的時候，看到有一棵巨樹，往往覺得並無大礙，但是，蓋了房子，人也住進去之後，才發現不知如何處理，而頭痛萬分。

爲了避免留下這種「禍根」，在買土地的同時，要求地主把樹砍除，那才是聰明一等。

門前有大樹、災禍連連

如果對方硬是不答應，你可以跟他交涉，從土地款項中扣去砍樹的費用。

從住宅的風水而論，樹木似乎不受歡迎，但是，有竹則被認爲吉利之兆。

以現代建築來說，在住宅的周圍，或是門前，種植不會長得太高，外形又極其幽雅的觀賞用的竹（例如，山白竹之類），已經成爲一種風尚。

我設計過的房子，往往也爲了使環境變得更幽雅，特地種竹，增加外觀的美。

5建築用地的西北方有大樹——吉

‧西北方之巨樹，有樹靈，善護其家，主司其福，故不能伐，若誤伐必降大難，血脈斷絕（「洛地準則」）

這句話的意思是說，住宅西北方的大樹，有保護那個家的作用，更會爲那個家帶來幸福，所以，萬勿砍除，否則，會發生子孫死滅的大難。

西北方有很高的東西是吉利之兆，這是「住宅風水論」的發源地——中國，特別重視的事。

爲什麼特別重視這一點，就得從中國的地勢和氣象，做一番說明。

翻看地圖就知道，中國的地勢是西北較高，愈往東南則愈低。爲什麼變成這種地勢，自古就有一種傳說。

據說，天地之間為了保持均衡，原是立有四支木椿。可是，有一種怪獸叫做「康囯」（黑龍精），突然大鬧，把西北方的那支木椿弄斷了，大地因而傾向東南，天也裂開，接著豪雨下降，濁流奔赴東南。

這時候，出現一位女神叫做「女媧」，她，補了天上的裂縫，阻止了豪雨之續降。從此以後，中國就成為西北較高，東南較低的地勢，這就是「女媧補天」的傳說。女媧與男神「伏羲」，同為創造天地之神。

再說到中國的氣象。

中國的中心地——黃河流域，一到冬季，就從內蒙地區順著西北風吹來黃塵。黃塵就是黃色的塵土。這些黃色的細沙，給風吹得飛揚到高空，飄到下風。有一句話叫做「黃塵萬丈」，就是形容黃塵給吹得很高，而且細密到足以遮住陽光。因此，住宅的西北方，若有大樹（最好是密樹成林）就能發揮防風、防塵的作用。西北方有大樹，在冬季，可以阻止强勁的西北風，在夏季，則可以遮住强烈的西陽，用處不能不謂甚大。

對沒有冷暖氣設備的古代住宅來說，西北方的大樹，在避風和遮日的觀點而言，無疑的發生了很珍貴的作用。

時至今日，大自然的條件與古代並無兩樣，所以，「洛地準則」裏的這句話，仍然通用，蓋房子的時候，當然要注意到。

換句話說，它提醒我們的是：

㈠住宅的西北方，開口部分（窗口、出入口）要盡量減少，或是乾脆不要考慮。

㈡這個方向的壁材，最好使用隔熱性較高的東西。

6 比四周高出的建築物——凶

·衆低我高，不吉也。財寶難進，錢財易失（「住宅風水秘笈」）

一戶住宅，如果「獨自聳立」，比四周的房子高出甚多，是不吉之兆，錢財方面，也難望有何來路——「住宅風水秘笈」中的這一句話，指出它之所以如此的兩個原因。

㈠與四周的房子形成不平衡的局面，會招致種種不幸。

古時候，一個人的身份不同，居住的區域也不同，住宅的大小也隨其身份、地位而有各種規定。

因此，在某一個區域，往往住了身份相同的人，蓋的房子，論其規模、外表，都差不到哪裏。

在這種情況下，如果有一戶人家的建築物，蓋得特別高，大有「鶴立鷄群」的意味，就被當成「有意破壞均勢」，成爲招來不吉之因。

㈡房子太高，就容易被强風、地震摧塌，危險度相當大。

古時候的建材和建築技術，比現代差了一大截，所以，房子若蓋得太高，就經不起强風、地震的考驗，因此，在「住宅風水秘笈」裏才有這個警句。

可是，這句話在現代，仍有通用之處，那就是說，論建材和建築技術，已達相當理想的境地，所以，耐風、耐震上並沒有什麼大問題，問題是在，由於房子蓋得高，始終處於「被偷看」的不安和壓迫感之下。

又，房子蓋得高，自然而然遮住了四周住屋的陽光，引發鄰居的不滿。

凡此種種，都隱藏了人際關係上的「不和諧」——凶相之發生，成爲無可避免。

依照現代的建築基準法，在住宅區，對房子的高度都有一個限制。例如，地基太小，就不能超過某一種高度。又如，木造、瓦造、混凝土造等等，也都有高度的限制，由此可知，法律上對房子的高度，都因地區性、建材的不同，而做合理的限制，說來，與古代「房子不能高出四周的住屋太多」的道理，不謀而合。

7 父子在同一個用地內蓋房子——凶

• 子弟分家而建宅舍於同一房地之內，或在同一宅邸內分家而居，則各房運勢必衰無疑（「洛地準則」）

封建時代的房子，屬於主人所有，家族的一切，唯「主人」（一家之主）是瞻。原則上，繼承人是長子（嫡子）。次子以下，無權繼承家產，因此，次男、三男等人，只好與家長同居，靠父兄生活。

這裏所說的「父子在同一個用地內蓋房子」，指的當然不是長子，而是針對次子以下的孩子而言。

古代的長子，身份、地位都比次子以下的人要高。身份、地位截然大異的人，住在同一個宅邸內，經常碰面，必然容易種下不睦之因，古人就藉「住宅風水」之論，指出它的不當。

另一種可能，是站在媳婦的立場設想的結果。

父子在同一個用地蓋房子不佳

媳婦如果與公婆住在一起（或住得很近），公婆的干涉必多，日子必然過得不怎麼如意，但是，以古代的社會背景，這種話絕不能明言，因此，假託「風水」，暗中指出父子以不住在一起爲宜。

這與洋人的想法，有點類似。

西洋人的習慣是，父子各住一處，太遠或太近都不好，他們形容爲：

「端出熱湯，走到之時，喝起來正是時候的那種距離，最爲理想。」

這年頭，由於住宅荒的關係，加上媳婦另居一處的願望已成風氣，在父母的宅邸內，建屋而居的例子，愈來愈多。

婆媳間不睦的情況也就有增無減。由此可知，「洛地準則」裏的這句話，在現代生活中完全通用。

說來說去，兒子若已結婚，父子還是分住兩地爲宜，這一點，最好愼重考慮。

如果，非在父母宅邸內蓋房子不可，就把用地一分爲二，各成獨立門戶。

雙方共用的處所，也要絕對避免。

建築用地太小的時候，往往被迫住在父母住家的二樓，這種情況下，也得盡量減少共用的處所，尤其是厠所，更應分開。

入口處應該設在由外面可以直接進入的地方，避免經過父母住的房子。

也許，有人認爲這種作法猶如外人，骨肉之間何必如此，事實上，爲了保持父子、婆媳之間的和睦與親情，這是在理想住宅上務必考慮到的條件之一。

8 家有孕婦而修屋或建房——凶

・女子懷孕而家有興土木之擧，則必有凶禍。爐竈之改建、塗刷，尤應嚴禁（「風水秘笈」）

這就是說，只要家有孕婦，就不能在屋子裏動任何工程，尤其是把爐竈重建或是重刷，絕對要懸爲禁忌。

這句話之所以出現，理由有三：

㈠修屋、蓋房是神聖的事，孕婦在古代是被視爲「不乾淨的人」，所以，家有孕婦，表示家裏「不乾淨」，當然不能在這個期間從事神聖的工作。

㈡家一有修屋、蓋房的工事，懷孕中的媳婦，勢必增加過多的負擔，例如，人員的進出，比前頻繁，她在應對方面，必定要付出倍於以前的精神和勞力。

又，家有工事，屋子裏就顯得比平時雜亂，這方面的處理工作，勢必增加。

這些大大小小的事，做媳婦的人都得一一參與，工作大增，勞心之事也多，很容易使她因負擔過重，而招致流產。

爲了避免這種現象，古人就把生活上的這個智慧，轉爲「風水上的禁忌」，表現出來。

㈢修建或新蓋的房子，由於無法在短期內乾燥，屋中充滿了濕氣，對孕婦的健康，著實有大礙。

古時候新蓋的建築物，以牆壁來說，總是任其慢慢乾燥，所以，濕氣之重，自可想像。

這句話，主要的用意，就是警告「濕氣難消」給孕婦健康上的壞影響。

「風水秘笈」裏的這句警告，在現代仍然很適用。

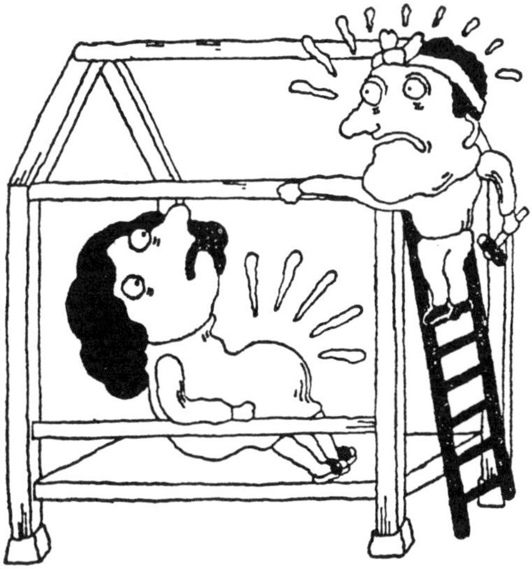

家有孕婦，應避免修屋、建房

第二、第三的理由，在現代生活中仍可奉爲生活上的實用智慧。

先談第二個理由。

據婦產科醫師們的報告，最近，流產的現象比前大增。流產的原因當中，最引人注意的是，由於搬家，過分走動而流產的相當多。

一有了身孕，就忽然想到要擁有房子，或是搬到更寬敞的公寓，這些願望，反而帶來不良後果。

懷孕中的修屋、蓋房子、或是搬家，在現代生活中仍然是應該避免的事。

再談第三個理由。

現代建築技術之下蓋好的新屋，由於多數是混凝土造成，所以，濕度的問題仍然值得重視。

混凝土要變成適當的濕度，少說也要一年時光。因此，在濕度仍重的期間，就要特別注意通風、換氣。例如，利用除濕器，保持屋內適當的濕度，都要顧慮到。

從這些角度來看，「風水秘笈」中的話，給現代人的啟示，不能不謂深遠。

第二章　由建地斷吉凶

9 前面低後面高的建地——吉

・宅地之後高前低者，謂之晉土，居於其上，吉事不斷（「風水秘笈」）

宅地的前面低，後面高，叫做「晉土」，住在上面，凡事吉利；與此相反的地形，叫做「楚土」，住在上面，凡事不吉。

宅地前面，位於南方，後面位於北方，被認爲是理想的地形，也就是說，北高南低的土地，具有吉相。

這種想法，源自中國的歷史和地勢。

晉、楚都是中國古代的國家。晉國是約三千年前，在黃河流域盛極一時的文明國家。楚國是以長江中游一帶爲領土的國家。

以晉國來看，楚國是「南方的蠻人」，是沒有文明的落後國家。

中國大陸的地勢，以洛陽爲中心的黃河流域來說，北有太行山脈（居高），南方則居低。與此相反，以武漢爲首都的楚國，它的地勢是，北方居低，南方則朝著仙霞嶺山脈居高。

「晉土」、「楚土」的名稱，即由此而來。

與文明之地（晉）同一種地形的就當做吉利，與野蠻之國（楚）同一種地形的就當做不吉利——這就是文首那句話的來源。

根據「風水秘笈」的說法，北高南低（也就是說，朝著南方傾斜）的宅地，才是具有吉相的土地。

這種說法在現代還是可以通用。

向南傾斜以及向北傾斜的土地，最大的差別，是在陽光照射的情況。向北傾斜的土地，陽光本來就很難照射到，也容易受到上方建築物的影響，成為背陰的地方。

在傾斜地，從上方投過來的影子，特別的長。

例如，你家的高度是A，上方的家高度是B，那麼A、B之差再加上B的長度，就是上方的家投到你家的影子的長度。

以東京來說，在冬至那一天為例，假設上面的屋子有一定的高度，影子的長度是∴高度每差一公尺，影子就有二公尺。

假定高度六公尺的屋子，座落在高於你家三公尺的地方，那麼，最長的影子可以長到十八公尺。

購買新規劃的土地時，由於四周還沒有屋子，對將來陽光被遮之事，總是未能察覺，所以，務必特別小心。

又，購買土地，習慣上都在春、秋兩季（氣候溫和的季節）爲多，因此，很容易忘記下面的事實：向北傾斜的土地，在冬季，會大刮北風或西北風（之冷，之厲，是夠瞧的）。

在這種地段蓋房子，是不是理想，實在有必要做愼重的考慮。

通常，向北傾斜的土地，價格較低，但是，低也低不到哪裏，爲了貪小便宜，買了之後住來不理想的土地，是不是划算，事先的判斷，至爲重要。

缺少陽光的照射，當然可以用照明、暖氣設備，補其不足，可要知道，爲了補其缺點而花在設備上的費用，是不是抵得過地價上的便宜，這是應該衡量的問題。

又，不管是向南或向北傾斜的土地（包括山坡地），如果是規劃成階梯式的宅地，事先必須請專家來鑑定它是不是注意到下列的問題：

㈠排水設備是否良好？

㈡傾斜地的地質是否容易引起崩潰？

10建地的東北、西南方沒有凹凸——吉

・乾、巽之方位，稍有突出則吉，坤、艮之方位，以無凹凸為吉。餘論雖多，四面八方，又正又直為最佳（「風水秘笈」）

住宅的風水，很重視建地、建築物的某個方向，有否缺損或突出的問題。有些談風水的書，絕大部分的內容，都以凹、凸的情況為主。

「風水秘笈」裏的這句話，則斷言：

雖然諸說紛紜，但是，建地當以東西南北或是中間的方位，都沒有缺口或突出（又正又直）為最佳。

它還强調，坤、艮的方位，以毫無缺損（既無凹進，亦無凸出）為佳。建地上沒有任何凹凸（方方正正的四角形），當然比到處或是某個方位有凹凸的土地，更能有效運用。

「風水秘笈」中的這句話，與現代建築學的基本道理，不謀而合。

「坤」是表示西南方，「艮」是表示東北方（「乾」是西北方，「巽」是東南方）。

位。

在住宅的風水中，爲什麼特別重視這兩個方位？

這是因爲它們正好等於「鬼門」（「艮，東北方）和「鬼門正後方」（「坤」，西南）的方位。

忌避東北這個方位的思想，源自中國，後來，傳到日本，在日本生根落地。

在中國，爲什麼會發生這種思想？

有關這一點，富於幻想的中國人，有下面的傳說：

中國東北方數萬里的地方，有一座山叫做「度朔山」，那裏長了一棵其大無比的桃樹，大到枝葉廣及四十里四方。

在朝著東北方伸長的枝幹上，萬鬼聚集，不時殺害人畜。

因此，把東北方當做「鬼門」，忌避這個方位。

這個傳說，可以從氣象和歷史上，尋出背景。

㈠氣象上的背景：

從西伯利亞和鄂霍次克海吹來的東北風，之冷，之厲，實在有得瞧，因而把東北方吹來的風，比喻爲「東北的惡鬼」。

㈡歷史上的背景：

歷史上，漢族最大的敵人是匈奴，匈奴是遊牧民族，經常從中國的東北部入侵中國，爲害中國。對東北方的警惕，因而孕育了「鬼門之說」。

在日本，也有接受這個說法的條件。

古時候的大和朝廷，就是從西南向東北，逐漸擴展了勢力範圍。當時，在日本的東北方，也有「有待征服」的蠻族。

對日本而言，東北方也正是敵人蟠踞的未開化地區。

自中國傳入日本的「鬼門之說」，先是對日本的宮廷建築，發生了强烈的影響，而後，逐漸普及民間。

例如，以「京都」爲首都時，朝廷就在東北方的「比叡山」，建立了「延暦寺」（目的在避災禍）。

京都的皇宮裏，也在東北角，供神佛做爲「除災」之用。

及至江戶時代（一六〇三～一八六七），德川家康（德川幕府的創始人）築「江戶」城時，也在「鬼門」的方位──「上野」，建立「東叡山寬永寺」，在「鬼門正後方」的方向──「芝」，建立「增上寺」，目的無非都是爲了消除災禍。

11 建地南邊有空地——吉

・空地在南，吉也（「風水秘笈」）

南邊有空地——這種土地可做最理想的建地，這是古今皆然的眞理，所以，「風水秘笈」裏的這句話，在現代，還是與理想建地的第一個條件有所吻合。

南邊有空地的好處有四：

㈠可以把日光做最大限度的吸收。

日光之於住宅，有四種好處，那就是，①暖和，②明亮，③衞生，④精神上的安定感。這四種好處，當然也可以用機器或其他方法得到，但是，畢竟只有「補充作用」。自然的日光對住宅才是至佳無比，這是毋庸置疑的事。

㈡通風好（空氣流通）。

通常，建築房子都以「高溫多濕的夏季也好住」做爲第一個條件。夏季的風，以南風爲主，所以，南邊若有空地，就能使「涼風徐來」，屋子裏當然就「其涼如水」，舒適無比。

㈢容易保持私密性。

窗戶或是玻璃門，通常，都朝著南方而設（多而且大）。建地的南方，如果沒有適當的空間。爲了防止外來的噪音、塵土、以及外人的目光，開口部份只好盡量縮小，或是設置覆蓋物（如此一來，開口的效果就爲之大減）。要是南邊有空地，這些顧慮就變成多餘。

㈣房間的配置很容易。

每個房間，都因其目的而有最理想的配置場所。例如，起居室、餐廳、孩童房等，就需要充分的日光，但是，書房或是大人的個別房間，則無需太明亮，氣氛也以安寧爲主。前者就以設在南邊爲宜，後者則以設在北邊爲宜。有些房間，應該配置在住屋的正面，有些則放在後面爲佳。

南方有空地（也就是由南而北，形成長方形）的建地，就可以隨屋主之意，對每個房間做最有效的配置，住起來當然是舒適萬分。

話是這麼說，人人都要住在南邊有空地的房子，當然辦不到，所以，只好針對上述的四種好處，做「人爲」的補充。

例如，對第一點，我們可以靠電力、燃料來補其不足。「風水秘笈」裏也針對這一點，指出：

「西南若無空地，則向南設天窗，承接日光，以補不足……。」

至於，在精神上求得安寧，大可在照明、室內裝飾上動動腦筋。

對第二點（通風問題），我們可以靠冷氣、暖氣設備補其天然的不足。

只要對第一、第二點做了這些補充，第三、第四點的問題自可迎刃而解。

12 三角形建地——凶

・地面雖平坦，形若三角者，火災、爭論之相也（「風水大秘」）

兩條道路由兩邊以某種斜度撞在一起的時候，就會產生三角形的建地（三角形的兩邊，各與道路相接）。

在第10項已經說過，住宅的風水，以沒有凹凸的四角形建地爲最理想的蓋屋之所，要是缺了

避免三角形建地

一角，成爲三角形，問題可大了。

在這種土地上蓋了房子，不是遭遇火災，就是家庭內外常有糾紛發生——「風水大秘」特別提出這一點警告，在三角地上蓋房子的人。

三角形的建地，從建築上說，實在難以使用，這是很容易想像的事。

我們不妨在三角形內畫出相接的四角形，當知在這樣的建地（看來很大）內要蓋個像樣的大房子，著實不易。

你將不得不爲了房間的配置和隔間的錯綜、複雜，而頭痛欲裂。

即使勉强完成，事後，住在這樣的一個家，你必定爲了使用起來「格格不入」，而大傷腦筋。

最不划算的是，它的建築費用，高於在同樣面積的四角形建地上蓋的房子。

三角形建地的這些缺點，古今皆然，所以，「風水大秘」中的這句警言，在現代社會裏，百分之百可以通用。

根據現代的建築法律，三角形的土地上，往往有一些部分，是以法律禁止蓋東西。

每個三角形建地，因角度的不同，不能蓋東西的部分也隨著不同，但是，唯一不變的事實是：

建地將不能全數使用。

這條法律之所以存在，是爲了使汽車行駛方便，但是，卽使如此，因轉彎不來而招致車撞房子的事件，很可能經常發生。

通常，這種土地的地價與四周的土地相比，低廉許多，可是，總讓人覺得抵不過它的缺點帶來的種種損失。

購買這種建地，弊多利少，算來算去，的確不划算，還是不買也罷！

13在狹小的建地蓋大房子——大凶

．地狹屋寬，大凶也（「風水秘笈」）

講究比例（Proportion），不僅僅是女性打扮時候應遵守的原則。在建築上，講究比例、均衡，就是最起碼的條件之一，忽略了它，就會招來衆多困擾。住宅的風水，不但注重方位的吉凶，也根據建築物各地方的比例適當與否來斷定它的吉凶。也就是說，比例得當的房子就有吉相，反之，就是凶相。「風水秘笈」中的這句，算是代表了這方面的說法。

建地的大小和房子的大小，比例上必須得當，這個道理，在現代建築學上也是應該重視的問題。

這句話在防火上也有莫大的意義。以日本的江戶時代爲例，當時的「江戶」（今之東京），人口密集，發生了好幾次驚人的大火災，這跟建地與住宅的比例是大有關係的。

當時的「江戶」，以戶數而論，武士之家佔了三成，一般市民之家佔了七成。若論建地的面積，與戶數的比例恰好相反，也就是說，武士之家的總面積佔了七成强，市民之家的總面積佔了三成弱。

在這樣的比例下，一旦有了火災，頃刻間就變成慘不忍睹的大火。

建地與住屋的大小比例，除了防火，在通風、採光等物理條件上，也該寄予重視。心理條件對住家的舒適與否，也足以左右大局。爲了避免來自鄰家的壓迫感，並且創出獨立感、開放感，就得注意比例上的各種條件。

有人常常問說，建地的大小，最低要多少才算適中。這是很難答覆的問題。因爲，卽使小到只有五坪，也能蓋房子，反過來說，是不是坪數愈大愈好，那又不盡然。這要看你對「家」、家族的構成、生活樣式的觀點如何，而大有伸縮的餘地。

根據個人的看法，我對發出這種疑問的人，總是用下面的話做回答：

「以花在住宅上的費用約莫相等的金額可以買到的建地，做爲蓋屋之用——這是最妥當的比例。」

蓋房子所需的費用，如果是一百萬元，你該買的建地也約莫一百萬元，建地的大小可以用這個方式類推。

如果金錢有限，只能買到狹小的土地，你就避免在空地地區和住宅專用地區購買。這些地區就是所謂的高級住宅區，絕不是在狹小的土地蓋房子的環境。房子可以蓋到境界線極限的土地，總是伴隨著住宅密集、噪音多、光線不佳等等的壞條件。尤其是噪音，以木造房子而言，殊難防止，如果採用「預製砌塊建築法」，當可防止噪音。要隔音，最好採用密度高的建材。拿一般住宅來說，當以混凝土最爲理想，但是，在狹小的土地上，就很難進行這種工程，所以，採用可以從裏面砌高的「預製砌塊建築法」，那就方便異常。

14 有濕氣的建地，堆土之後才蓋房子——吉

・陰濕之地，陽土積高三寸，始可築屋而居（「風水秘笈」）

這句話的意思是：

蓋住宅要選又高又乾燥的土地，如果不得不在濕氣較重的地方蓋屋，就要先在地上堆一層乾燥的沙土才去蓋房子。

它指出的原則，與現代建築學的原理，一般無二。

這年頭，到處鬧住宅荒，建設公司爲了解決民衆住的問題，不斷推出「新社區」的規劃工程，在這些「新社區」裏，經常遇到的就是濕氣的問題。

新社區的土地，大部分就是「新生地」。「新生地」通常可以大列爲二。

㈠把沼澤、海岸等低窪區，塡土而成。

㈡剷去傾斜面（斜坡）成爲平坦的地皮。

塡平或堆高一塊地，最理想的方法是使用沙土。

將沙土和水混合爲一，使之濡濕、浸透，就能增加土地的强度，更能促使地基，早日堅固。

話是這麼說，一塊地基要完全「安定」（穩固），少說也得數年時間。

東京羽田機場附近的新生地，就是塡土於東京灣而成的土地，由於地基還沒十分穩固，就有人蓋房子，曾經發生過好幾件「崩裂」事件。

羽田機場附近的郵局就是其中的一個例子。

那一幢郵局，由於建地上到處凹凸不平，地基下陷，屋簷傾斜，到頭來只好拆除重建，折騰了一段時日，才大功告成。

那個新生地是日本政府策劃進行的，由國家出面的工程，尚有這種毛病，遑論民間業者負責的工程了。

如果不把眼睛睜亮一點，誰都有可能買了具有凶相的土地，到頭來可就悔恨莫及了。

民間房地產業者出面規劃的新生地，不少是把垃圾、破爛東西埋在下面，上面只舖薄薄的一層，或者是沒有十分乾燥、堅固的土地。

這種情況之發生，有些是存心「偸工」，有些是由無知而來。

如果，沙土不足，有些業者甚至棄沙土而用一般的土壤來塡埋。

這種土地，若要穩固則費時更久。

要是非在剛完成的新生地蓋房子不可，打地基的工程，就要特別小心。

諸如，把木（鐵）樁深深打進，鞏固底座等等，都要比一般建築方式，付出加倍的努力。

不管如何，如要購買新生地區域內的地皮，還是先請專家來鑑定，或是向內行人討教，以免木已成舟而吃了大虧。

15庭園中種了必將高大的樹——凶

・舉凡有大樹之房地，土燥失潤，邪氣頻生，爲害居民。宅地中多植庭木，是爲災害之因（「風水秘笈」）

談住宅風水的人，都很忌諱在庭院中植大樹。

尤其，在東北（鬼門）、西南（鬼門後面）方有樹，就被認爲不吉之最。

古時候，由於居住的條件，全賴大自然，想來，這是針對大樹會礙及日射、通風、以及落葉會損傷屋宅、建地而發的警言。

這一句涉及住宅風水的話，對現代的庭院而言，更是適切到家，十分通用。理由有三。

第一：樹木既已種下，日後必定長高。

第二：庭院已經從觀賞用，進展到重視它的實用性。

第三：維護與管理相當麻煩。

且把這三個理由，逐一剖析。

㈠關於樹必長高。

也許，有人會說，樹當然會長高，這有什麼稀奇？事實上，一般人在庭院種樹的時候，八成都不會想到這一點。

蓋房子的時候，種下各種樹木，在那個時點，總是顧到屋子及庭院的勻衡，可要知道，三、五年之後，那些樹就長得又高又大，破壞了原有的勻衡，使原就狹小的庭院，顯得更為狹小。

請記住：樹木終必成長，而且長得你始料未及那麼高，那麼大。

如果想在庭院中栽種樹木，最好請教園藝專家，請他栽種成長有限的樹，在數量上也不宜過多。

(二)關於庭院已經從觀賞用變成重視實用性的問題。住宅的面積，已經普遍地變為狹小，每一塊空間，都得發揮它最大的效果——這是近年來的趨勢。

由於這個緣故，庭院就被視為「房間的延伸」，大家都在動腦筋要使庭院的用途比前增多。

庭院本來只供觀賞，如今，卻有人利用它做為「臨時餐廳」，天氣大好之時，也會成為一家團聚之所。

總而言之，它成了「有所使用的庭院」，大夥漸漸有了「庭院是沒有屋頂的房間」這種觀念了。

目的既有變化，原是以觀賞爲主而配置了樹木、假山、小池的庭院，就有必要迎合新用途，把它設計爲「使實際可用的面積更大」的庭院了。

㈢關於維護與管理的問題。

這個問題與第二個理由有密切的關聯。

庭院不再是只供觀賞之用，兼有「使用」的目的，如此一來，損傷必多。這就有必要考慮到：外行人也會維護、管理、花費又不多的條件。

通常以園藝爲業的人，只在栽種時爲顧客細心安排、設計，事後的維護、管理，就得由屋主自行照料。所以，設計庭院時，對這些問題務必多方用心，才不至於爲自己留下一大堆麻煩。

16 在裏院種樹或造池——大凶

・中庭之內，植樹或設水塘而生濕氣，大凶也（「宅地風水之忌」）

不宜在裏院種樹或造池

這就是說，在中庭（裏院）栽樹、造池塘，或是做出使土地潤濕的事，必有大凶。

中庭，是在地中海沿岸一帶的住宅，發達起來的建築形式，西班牙語叫做 Patio。

中國古代宅邸的形式，也以院子爲中心，四周繞有各種建築物。

在中國，「家庭」一詞，原就是指這樣的「家」與「庭」而言。

這種中庭，設在廣濶的宅邸中，當然很配，如果是一般的住宅，就得注意到大小適中（不能太大）。

例如，三十坪左右的住宅，頂多只能大到三公尺四方，要是比這還小的住宅，又要設個中庭，就顯得太勉强。何況，又要種樹、造池，庭院的機能就變得蕩然不存了。

如果建地太小，而又非設個中庭不可，那就只好把房子蓋成コ字型，或是「型，將院子圍在其中。

若是想設個廊子，就不要種容易長高的樹，改種常春藤之類爬行蔓延的植物，或是種些長不高的灌木。

藤類植物，栽種時不必太費手脚，只要不讓它蔓延到窗戶上，就不至於礙到日光的照射。

院子當中若要造池，最重要的是保持水質的乾淨。

造池的時候，還要注意到下面四件事：

㈠池旁要設置專用給水栓，以便換水時操作簡單。

㈡爲了池水到達一定水位時，就能自動洩水，要設個自動排水溝。

㈢別忘了在池底做個排水口。

㈣排水溝也好，排水口也好，都要做得跟下水道暢通，使排水一無阻礙。

17 庭院中鋪太多的路石——大凶

・地上鋪石，必招陰氣。鋪石若與地面之狹、濶不相稱，宅主將衰微落寞（「風水秘譚」）

這句話的意思是說：

不考慮到庭院的大小，而胡亂鋪上大量的路石，終必招來家道衰微的結果。

它所包含的意義，可以大別爲二。

第一：是象徵性的意義。

第二：是有關實際住來是否舒適的問題。

我們不妨對這兩種意義做深入的探析。

㈠有關象徵性的意義：

這句話含有一種教訓，那就是，盡量保持自然的狀態，對自然切莫過分地做「人爲」的干涉。

庭院的主要目的，是扮演聯繫建築物和自然的角色，如果在院子把路石鋪得螞蟻、青蛙都爬不出來，無異把大地特有的陽氣、喜氣，全都抑制、堵塞，這就造成招來大凶之因。

㈡有關使住的人感到不舒適的負面：

石頭會引來熱氣，因而破壞了庭院，以至於住宅的快樂氣氛。

石頭會引來熱氣，此話怎講？

盛夏之時，石頭會充分吸收直射的日光，其熱度，可以高達攝氏九十度。

有一群專家，曾經在鋪滿路石的庭院，量了它的氣溫，發現一公尺地面的溫度，竟然達到五十度，大夥不免大吃一驚。

這就等於在盛夏，裝了使用輻射暖房法（Panel Heating）的大型暖房設備一樣。

這麼一來，不但是庭院一片燠熱，由於熱氣的反射，連屋子裏也悶熱難當。

不僅此也，由於石頭的容熱量相當高，它在白天蓄積的熱度，直到日暮時分，四周開始涼爽的時候，才把那些熱度散出。

當暮靄四合，你走到庭院，打算享受「納晚涼」的時候，由於鋪石的熱度，正在散出，涼爽度已經減半，豈非大煞風景？

如果是冬季，又是如何？在夜間冷透的石頭，到了白天，會把好不容易暖和起來的四周的熱氣，吸了過去，因而給住宅帶來寒氣。

又，在梅雨、秋雨時節，鋪石會妨礙水分的蒸發，使庭院變成潮濕、陰鬱的地方。另一種使人住來不舒適的負面，就是它會損及住宅明亮的氣氛。與庭院的廣度相比，鋪石過多，或是鋪了太大的石頭，都會帶來這種缺點。

前面已經說過，庭院所扮演的角色，從觀賞用進入重視實用性，人人漸有「房間的延伸」這個觀念，在這種趨勢之下，草坪的重要性已經大受注目。

草坪，除了強調庭院的實用性，兼有觀賞之用，所以，值得好好運用。

草坪的濕度極小，只要是向陽之處，即使是不精此道的人，也能夠種植、培育，而且容易維護管理，值得在一般家庭之間推廣。

18 把河水引入建地——大凶

・引護城河或河川之水進宅邸，大凶也（「風水秘譚」）

古時候的城鎮，頗多溝渠、小河，將那些水，引進宅邸，耳聞潺潺之聲，是被認爲相當風雅的一件事。

可是，根據「風水秘譚」中的說法，這是大凶之兆。

一般談住宅風水的書，都强調「不要在河旁建屋」，想來，這是要大家遠離洪水之害的警語，事實上，這也是現代建築學中，懸爲禁忌的事。現代人如要蓋房子，仍然需要遵守這一條戒律的。從這個角度來看，這句話就值得咀嚼再三。

不管如何，有河川流過，就表示那一帶的地勢較低，處於那地帶的土地，就是隱藏危險之所（至少比其他地方要危險）——「風水秘譚」就是根據這個道理，認爲這樣的地方具有大凶之相。

其實，就算沒把河水引進宅邸之內，只要有河流在附近，那一帶就是地勢較低，有必要對水害做萬全的防備。

河水如果保持一定的水量，終年不斷，那就一無大礙，問題是在雨量普遍豐盛的地區，即使不會嚴重到洪水爲害，卻經常伴隨著泛濫成災的危險。

又，容水量小的河川，遇到短暫的豪雨，就有堤防被毀的可能，所以，不得不在河邊蓋房子的時候，就得特別做到下面的事。

㈠在建地內堆一層土，使之高出地面甚多。

㈡地板（一樓）要做得比一般還要高。

日本京都的皇帝別宮——「桂離宮」，它的建築物和庭園，世界馳名，這裏的庭園就有引進「桂河」之水而成的池塘。

根據「風水秘譚」的說法，這是具有凶相，但是，設計者懂得把地板舖得很高，庭院中也築了幾座小丘，用來防備河水泛濫。

依照住宅風水的註釋，卽使宅邸有凶相，只要設法補其不足，就能化凶爲吉。「桂離宮」便是遵從這個原則，才成爲具有吉相的別宮。

古時候，如果住在這種有洪水之險的地方，大部分住家都平時就備有小船，以防水難，到了現代，卽使住在隨時有水患的地區，卻無人有所防備，警覺心眞是今不如古了。

約莫二十年前，颱風襲擊東京的時候，流入「多摩河」的「仙河」，突然暴漲。「仙河」正巧流經住宅區的中心地帶，由於河水的暴漲，事先一無預兆，居民無暇逃避，給圍困於滾滾濁水之中。

當時，住在附近的大名星——三船敏郎，聞訊立刻出動自用的小艇，把那一帶的災民，悉數救出。

要是他的小艇沒有及時出動，少不了會出現幾個犧牲者的。

又，沿河地區的地基，一般說來都脆弱，這也是必須謹記於心的事。

一九五三年，日本「新潟」地區發生地震的時候，災害最慘重的就是以前的沿河地帶。與此相反，座落於其他地區的住宅，由於地基穩固，災情輕微。

由此可知，在地基較弱的地方蓋房子的時候，一定要把基礎性的工程做得特別好。柱與柱之間，必須多方交叉鋼筋或其他建材，愼重到如此地步，才能保住生命和建築物，說來，這是很淺顯的常識，但是，大家都忽略不顧，未免太粗心大意了。

19 圍牆太高——凶

・高牆圍繞，與宅邸不勻，困窮之相也（「風水秘譚」）

古時候，宅邸圍牆的形式，因屋主的身分、資格、地位而有別。

房子本身的大小，也都根據身分、地位而有某種準則，所以，圍牆與房子當然也該保持一種勻衡。

要是牆高而堂皇，房子卻相比之下顯得太簡陋，就會招來窮困。「風水秘譚」指出這樣的家爲不吉。

與屋子相比，圍牆顯得太高，以現代建築而言，也令人不敢恭維。理由有二。

㈠小偷容易進入。

一般人或許以爲高牆可防小偸，實則相反。

根據小偸的自白，潛入高牆的屋子，由於外界的人不容易看到裏面的動靜，幹起活來更能從容得手。防止竊盜，高牆並不會發生作用，圍牆只能當做一種境界線，若要防盜，還是把門戶關緊，才是正途。

㈡有損房子的美觀。

從外頭看房子，通常，圍牆與房子是被當做一體的。一瞥之下，屋子的窗、壁、屋頂都能映入眼簾，看來才像個「家」。

要是圍牆太高，「家」的品格就大降，令人覺得住其屋者必然是個氣度狹小，心地貧瘠的人。

建築物的外觀，必須顧及當地「區域性社會」的勻衡性。一堵高聳的圍牆，無異表明了它拒與區域性社會融洽的「高姿態」。

以東京的高級住宅區聞名的「田園調布」，是大正末期，由「電鐵」公司開發的住宅區。當時，居民們在協商之後決定：

▲不用木板或水泥造圍牆。

▲外圍一律栽「樹籬」。

這個「君子協定」，居民們一直遵守不變，以迄於今。

不必造高牆，也能安心居住——這個作風，倒也產生了象徵性的意義。那一帶的房子，戶戶各有獨特的外表，但是，整個地區仍然保持了「統一性」和「個性」。

前面說的是高牆的缺點，可是，時至今日，圍牆似乎不能砌得太低了，因爲，噪音和灰塵隨著都市的繁榮、進步而比前更擾人。

圍牆具有防止噪音、灰塵的作用，爲了避免這些公害，砌得太低就失去了它的功能。話是這麼說，圍牆的高度如果超過一·五公尺，即使再高，防音、防塵的效果，也好不到哪裏，倒是產生了日光不足，通風不佳的反效果。

圍牆的種類，除了前面說過的樹籬，還有木板、金屬紗網、水泥、甎塊等做成的圍牆。樹籬可以使居住者和路人知道四季的變遷，美觀風雅，但是，卻有花費頗多，必須依靠專家維護等等的缺點。

費用適中，又耐久的，當推水泥牆和甎瓦牆，不過，如果只爲花費較少，往往遭到偷工減料之害，發生風力稍大就倒塌的現象，這一點，倒要在打下地基時，特別留心。

20 圍牆緊貼著房子——凶

・宅地逼近圍牆，不吉也（「風水秘笈」）

在建地狹小的地方蓋房子，也砌了圍牆，難免兩者相遇，產生拘束不自在的感覺。在這種情況下，通風、日光都兩相缺乏，所以，「風水秘笈」就指出這是不吉之相。這句話，套在現代建築學上，也完全通用。

屋子與圍牆相隔太近，表示建地甚小，也就是說，鄰居或道路就在咫尺之間。如此一來，實在非有圍牆不可。

我們不妨研究一下，如何造圍牆而能盡量減少反效果的方法。

首先，你要把圍牆下方空出約莫二十公尺。這個目的是在使通風變佳，使庭院中的草木，成長無礙。

再者，別爲了與鄰居太靠近，而胡亂砌起高牆。

任你砌高，總有個限度，何況，鄰人只要從二樓投以視線，還是可以一望卽見呢。

圍牆緊貼著房子不吉

如果要保持隱密性，不妨在窗口做個板牆，或是掛上百葉窗、窗簾等。

建築法中對屋子與圍牆的距離並沒有規定。不過，蓋房子的時候，最好與隔壁的建地境界線，離開五十公尺左右。

房子與圍牆間的距離，最低限度也該保持這種距離，才算適中。

第三章

從隔間斷吉凶

21 大房子住的人不多——凶

・邸宅廣濶，住者極少，乃逐益貧窮之兆（「風水秘譚」）

這句話的意思是說：

在面積大的房子，如果住的人不多，那就缺乏陽氣（發育、熱鬧的氣氛），發展性極微，免不了日漸貧窮的命運。

這個道理，套用在現代也十分說得通。太大的房子，不妥之處，約有三種。

㈠主婦的負擔過重。

我的研究室，曾經做過「一個主婦管理房間的標準面積究竟有多大」的調查研究。管理一個家，最費力的是打掃工作。打掃與疲勞的關係究竟如何？爲了恢復打掃所產生的疲勞，究竟要多少時間？一個主婦在一小時內，究竟可以做多少的工作？

針對這些問題研究之後，得到的結論是：

六十平方公尺到一百平方公尺，是一個主婦最適宜的管理面積。

這是以沒有幫佣的條件，推算出來的數字。

就算再加些其他條件，一個房子的面積（小家庭），當以七十五平方公尺到一百平方公尺（約二十二坪到三十坪），最爲理想。

㈡太大的房子，就有一些房間不會使用，不常使用的房間，就容易損壞。一般人都認爲，不使用的房間，比較不會損壞，事實上完全相反。不常使用的房間，日光不足，因而濕氣盈室。空氣也不流通，容易傷到建材。尤其是木造的房子，這個現象就特別顯著。

㈢住的人，在心理上總有一些不平衡的感覺。屋子太大，住的人又太少，就容易產生不安感，心理上無法平靜——這是心理學上早就證實的事。

總而言之，蓋房子必須考慮到下面的因素，才決定它的大小和隔間：

㈠目前的家族成員有多少？

㈡將來（三、五年）的家族成員有多少？

這就是說，太小了也不好，光求其大也不好。

適當的面積到底是多少？如何去推算？

以條件而論，由於每個家庭的生活方式不同，計算的方式也不同，不過，一般說來，有兩種算法可做準則。

第一：把全家人的年齡加起來，換成平方公尺，就是這個家應有的面積。

例如，先生是三十五歲，太太是三十歲，另有九歲和六歲的孩子，一家人的總歲數是八十，那麼，這個家庭就需要八十平方公尺（約二十四坪）的面積。

這個面積，是指包括玄關、厨房、各人的房間、起居室、洗手間（浴室）等。

第二：電報費方式的計算法。

基本面積是一對夫妻以五十平方公尺計算，多一個學齡前的孩子就增加十平方公尺，多一個讀小學、中學的孩子就增加十五平方公尺，一個讀大學的孩子和一個老人就各加二十平方公尺。

以前面舉出的家族爲例，根據這個算法，也需要八十平方公尺的房子。

22 小房子住了很多人——吉

・屋小而人多之家，逐益富貴、興旺（「風水秘笈」）

「風水秘笈」把屋小而人多的情況，斷爲吉兆。它的意思是說，在小屋子裏住了很多人，就顯得活力充足，陽氣籠罩，會使那個家逐益繁榮、富貴。

古時候的人，似乎不必像現代人這樣爲住宅荒而煩惱。話是這麼說，是不是人人住在寬敞的房子，那又不盡然。

一般老百姓的家，並不怎麼廣大，卽使是做大生意的家，由於雇了很多傭人、學徒，所以，也不見得生活空間有多寬敞。

「風水秘笈」這句話，就是根據這種事實而來。

由這句話想到它和現代建築的關係，我們不難知道適得其中的房子（雖然不大，但住來舒適），正是這副模樣。

面積不太大，但是住來舒適的房子，它絕不可缺的條件是：空間要有「餘地」。

以日本「國鐵」的普通臥舖而言，寬度是五十五公分。人的背部寬度頂多是五十公分，所以，在那種寬度下，乘客躺臥時並不覺得不自由。

話是這麼說，每天晚上睡在這種臥舖，顯然受不了，爲了睡得「舒適」，一般家庭的床舖，至少要有一公尺的寬度。

兩者相差四十五公分，這個多出來的四十五公分，就是所謂的「餘地」。

以厠所而言，只要有九十公分四方的空間，就足以「方便」，但是，如果面前多出三十公分的「餘地」，厠所就從「只供方便的地方」，一變而爲「享受孤獨之樂的地方」。

在狹小的面積中要造出這種空間的「餘地」，就得把「家」分成：

工作的場所和不拘禮節可以隨便休息的場所。

工作的場所要盡量設計得簡潔、合理，隨便休息的場所就要盡量設計得「寬敞」。

譬如，浴室、厠所、盥洗室之類必須用水的地方，要盡量靠在附近，厨房和餐廳則設計成兼用。

放東西的地方，要多方運用壁面，或是樓梯下方等等，務必讓空間一無浪費。

「餘地」要放在哪裏，全看個人的嗜好和習性、生活樣式而定。

下面是幾個例子。

㈠家人常用的起居室，設計得特別大。

㈡把一樓和二樓設計成中空。

㈢造個廊子，使空間顯得更大。

屋子裏面弄個日式房間，對「餘地」的產生，頗有作用。

西式房間的用途，通常，只限於一種，日式房間卻恰好相反——一個房間可以做多種用途。

例如，白天是客廳，到了晚間，就可以一變而爲臥房。

這是因時間的不同而使房間的用途也改變，等於擴大了用途，改變了空間。所以，在面積不大的房子裏，設個日式房間，未嘗不是一個好主意，蓋房子的時候，不妨一試。

23房子朝南——吉

・向南之屋，大吉大利（「風水秘譚」）

地勢以前低後高爲佳，同理，屋子朝南，最爲理想，這是建築上古今皆然的大原則。

在卦相而言，南方代表草木茂盛，陽氣最盛的方位。中國古代有一句：「南面而王」的話，由此可見，南方是最好的方位。

在這一點，卦相與建築學的立場，完全吻合，說來，是一件頗饒興味的事。

實際上蓋房子的時候，不一定朝著正南方，稍微偏東或是偏西，亦無不可。

由於夏季以南風爲主，冬季以西北風爲主，只要把房子朝南而建，將北方的開口部分盡量減少，就成爲冬暖夏涼的好居處。

房子朝南最佳

話是這麼說，這年頭，到處鬧住宅荒，理想的建地也不容易尋得，每一戶人家都要朝南建屋，當然辦不到。

那種情況下，你就無須把房子朝南而建，然後採用下列措施，補其不足。

㈠盡量把日光照射到的開口部份放大。

㈡在南邊造天窗。

㈢以燈光（日光燈爲主）代替陽光。

以一般情況而言，把窗口開在北邊，絕非妥善，但是，也只好如此。

北邊的窗口給人「荒涼」的感覺，爲了彌補這個缺點，不妨在北邊造些花壇。

只要是植物，盆栽的也好，種在地上的也好，無不朝著陽光而開，這麼一來，從北邊的窗口，舉目一望，就能從正面看到那些花木，荒涼的氣氛就不復存在。

在如此缺少陽光照射的房子，日式房間（舖了榻榻米的房間）最好少有，才合乎衞生。榻榻米是容易吸收濕氣的東西，因此，必須靠日光而產生自然乾燥，以及消毒的作用。如果，非造個有榻榻米的房間不可，也得選個日光照射，通風甚佳的場所。要是做不到，只好隔個一定的時日，把榻榻米搬到外面，曬曬陽光，吹吹風。

24 進深大於門面寬度的房子——吉

・宅邸之進深超出門面寬度之家，藏福而持久（「風水大全」）

這句話的意思是說，門面（有玄關那一面）的寬度，不能大於進深，如果是這樣（進深太淺，門面太寬），那個房子就是凶屋。

進深超過門面的寬度，這樣的房子就是吉屋，居其屋者，必定藏福於內，繁榮持久。

進深太淺，門面太寬的房子，雖然也有榮昌之氣，但只能曇花一現，無法持久。

這一句風水的道理，之所以產生，理由有二。第一是與稅金有關，第二是與隔間有關。

㈠與稅金的關係。

對房子課稅的方式，因國而異。

唐朝時候的中國，房屋稅是根據住宅的屋樑數目而課稅。

十七～十九世紀的英國，則根據窗口的數目而課稅，因此，在英國，建築物的窗口極少的風氣，持續甚久。

在日本的江戶時代，課稅的標準是放在門面的大小（面臨道路的長度）。

也就是說，門面愈大，稅金愈高，門面若小，稅金也少，眞的「藏福於內」了。

㈡與隔間的關係。

深度足夠的屋子，容易隔間。此話怎講？

第一個理由：

屋子的開口處（窗戶、廊子等），面臨外頭的部分，可以減到最少。

古時候，房子的設計重點，都放在「防備外敵的侵入」，所以，玄關那一邊的開口處，必須又少又小。

第二個理由：

進深足夠的屋子，可以把私密性的房間，盡量配置於屋子後面。

一幢屋子可以大列爲：別人從外面進來的地方，家人共用的地方，夫婦或家人個別使用的地方。

房間的配置，必須按照這個順序，在尊重私生活的原則下，遠離外界爲宜。

進深足夠的房子，當然可以在這方面做最妥切的配置。

「風水大全」裏的這句話，也吻合現代建築學的部分，就是指第二個理由——房子的開口處，不會在衆目之下顯露無遺。屋主可以隨心所欲地配置「私密第一」的房間。

如果，你的房子必須蓋在門面寬，進深狹小的建地，就得考慮確保私密性的方法。

下面是一些例子。

㈠如果是面臨道路而建，爲了不讓第三者從道路、玄關的通路看到內部，有必要造圍牆。

㈡個別房間或臥室，盡量放到後面，而且，四周的牆壁要加多，使用的必須是密度高的建材，以便把聲音盡量隔絕。

「風水大全」中的這句話，主要是指「屋形」而言，其實，建地的形狀也可以套用。

一個建地，如果進深超過面臨道路部分的長度，設計隔間的時候，當然較有「餘地」，這種房子，蓋起來之後，住的人自然會舒適得多。

25細長的房子——凶

・中宮（主要的住宅，主房）筆直而建，病人必多（「洛地準則」）

中宮就是正房、上房或是主房。這個地方如果蓋成往橫方向又細又長的房子，家裏就不斷出現病患。

這句話，可說是前一項禁忌的另一種說法。而，它之所以通用於現代，是因爲近來盛行的公寓，建築的模式（隔間的設計方式），與這種「屋形」類同者頗多。

多數公寓，都在狹小的建地內，擠在一起。爲了盡量使戶數增加，隔間的方式以東、西較短，南、北較長爲多。這就是說，陽光照射到的面積，非常的少，陽台也小之又小，連曬衣服都大有問題。這種房子，住起來當然不會舒適到哪裏。

此類公寓式建築物，入口處通常都設在偏北的東邊，或是西邊。起居室照一般的習慣，是設

細長的房子用來不便

在南邊的房間，如此一來，入口處和起居室的距離就隔得最遠。

而，客廳兼廚房的房間，八成都在房子的中央部分，這種隔間方式就逼得家人要到哪裏，都得通過那個地方。

這麼一來，動線（建築用語，向某個地方移動時要走的距離）就變得很長。

光是這一點，這個房子就成爲用來不便，住來怪彆扭的「家」。

在第二十二項已經說過，狹小但住來舒適的房子，它的條件是：造出空間的「餘地」。

現代公寓中的大多數——尤其是六十平方公尺以下的公寓——在造出空間的「餘地」方面，一無新見，總是以面積太小爲藉口，把每個隔間設計得很小，使住的人大呼拘束不便。

公寓常見的另一個缺點，是設計上未曾考慮到「個人的獨立性」（雖然房子全盤的私密性，獲得確保，與四鄰完全隔絕）。

這都是爲了構造簡單，成本大降使然。

住進這樣的房子，你只好用下列的方式來彌補它的缺點：

㈠在家具的擺設上，多方動腦筋。

㈡利用窗簾等遮蔽物，造就獨立性。

26 房子的東北、西南沒有凹凸現象——吉

・乾、巽之方位，稍有突出則吉。坤、艮之方位，以無凹凸爲吉。餘論雖多，四面八方，又正又直爲最佳。（「風水秘笈」）

這句話的意思是這樣的：

乾（西北方）、巽（東南方）略微突出爲宜、坤（西南方）、艮（東北方）以毫無凹凸爲宜。有關方位與凹凸的吉凶，諸說不一，總而言之，最好的房子是，東、南、西、北以及中間的方

位都沒有任何凹凸（四角形）。

這兩句話有兩層意義。

其一是鬼門（忌避的方向，指東北方，也就是「艮」）的思想，其一是建築的經濟性。

有關「鬼門」之說，在第十項已經詳細說過，不再贅述。

「鬼門」之說，起源於中國，但是，承受其說的日本比中國還重視這個思想，尤其在宮廷建築上，總是不敢稍有踰越。

這兩層意義（鬼門之說與經濟性），與現代建築學無不相合。

第一個意義，請看第十項的說明。在本項，我們就談談經濟性的問題。

在四角形的建地蓋房子，不但省事也省錢。

拿極端的例子來說，假設，有兩種房子，其一是✚型，其一是□型，論四周牆壁的長度，兩者雷同。

可是，前者的面積卻只有後者的九分之五。

面積較小，地板與屋頂的費用，也就隨著減少，但是，以總費用來說，前者大約高過後者百分之五十。

就算不是這樣極端的例子，房子的外形若有凹凸，建築費一定高出很多，這是不能不考慮的大問題。

由於受建地的限制，房子的設計往往給逼得在某些方位非有凹凸不可。碰到那種情況，就得動腦筋積極利用那些凹凸的地方。

與牆壁的長度相比，面積顯得小，換句話說，就是在同樣的面積之下，它的表面積就能運用得更廣。

所以，活用表面積，把窗戶或是玻璃門開得很大，讓光線、通風的情況，好到極限——這種設想，就不能缺少。

狹小的房子，尤應如此。

時下一些高級公寓，很多是整個看來呈現多角形的，之所以有這種設計，是基於寧願犧牲建築物的外觀，也要在狹小的空間內，造出更多光線、通風情況良好的房間——這種觀念所致。

這麼一來，它的建築費就比一般外觀平坦的建築物高出一些。它的售價或是租金，比其他公寓要高，不僅僅是由於光線好、通風好，而是建築費的確也花費較多，在某種程度上，這是「實逼至此」，實在沒話可說。

27 三房、四房之家——凶

•住宅之房數有吉凶。一房爲吉，二房無礙，三房爲凶，四房爲凶，五房爲吉，六房爲吉，七房爲吉，八房爲凶，九房爲吉（「風水秘笈」）

這是以房數之吉凶爲對象的有關住宅風水的話。

它是根據陰陽之道——數字的吉凶而來。套在現代建築學上，與事實也有所吻合。

理由有二：

㈠以夫妻和一個孩子（全家三口）的標準來說，三房或四房並不算是綽綽有餘的房數。

㈡在狹小的面積上，勉强增加房數，反而使人住起來格格不入。

先談三、四房對三口之家不太適合的道理。

一個家所必備的空間種類，可以大別爲三：

㈠睡覺所需的空間。

這個部分包括了臥室、孩童房、老人房、浴室、洗手間等空間。

㈡飲食所需的空間。

包括厨房、餐廳、主婦專用的家事房。

㈢生活起居所需的空間。

包括起居室、內客廳、書房、客廳、陽台、走廊、儲物室、玄關、車庫、房屋周圍等等。

這三種空間，最好各自獨立。㈠的臥房、孩童房、老人房，以及㈢的書房，原則上非獨立不可。

依照這個準則來說，三、四房之家就離標準家庭太遠。話是這麼說，以目前房屋難找的實情，要如此確保標準的房間數，實在不容易。

由此產生了一個問題：在房間太少的情況下，如何配置上面所說的三種空間？如何動腦筋，使凶相之家變成吉相之家？

原則上，不要依照大型房子將它縮成小型房子（房間的大小也跟著縮小），也就是說，必須清楚地分開空間該大則大，該簡則簡的原則。

這個大原則就是這句家相的話，適用於現代的第二個理由——在狹小面積中，硬把房間數增加，住起來就讓人覺得很不舒服。

看最近的房地產廣告，似乎只强調二房一廳或是三房一廳，對房間的機能如何，提也不提。面積和房間數相比，房間數過多的房子，一定是中看不中「住」的房子。

我曾經受託改造二層樓的一個房子。這一棟房子面積五十平方公尺有六蓆、四蓆半大小的三個房間，另有六蓆大小的餐廳兼厨房。

我把一樓的餐廳兼厨房和六蓆大小的日式房間，合而爲一個西式房間，厨房則用食器橱隔開。這個西式房間，成爲餐廳、起居室、客廳三用的房間。

房間數雖然減少了一個，但是，生活空間卻因而顯得更寛大，住起來就舒服多了。

28 起居室成爲房子的中心——吉

・以居室爲主，定下各房間之通路，顧及相合相剋之理（「家相秘笈」）

依照家相學的說法，房間的大小（舖在房間的榻榻米的蓆數）和方位，以及相鄰的房間的大小（蓆數）之間，含有吉凶的因素。

判斷的基準是，把一到八的數字與八卦配在一起，然後，再把它與木、火、土、金、水（五行）配在一起，以定吉凶。

這句話的意思是說，房間的配置，應以大小相合的房間爲緊鄰，這時候，應以起居室爲主，做通盤的考慮。以起居室爲中心來考慮房間的配置——這個觀念，和現代住宅配置房間時候的基本原則，不謀而合。

在一棟住宅中，把什麼房間配置在哪裏，這種計劃用建築用語來說，叫做平面計劃。

平面計劃根據經濟條件（包括建地的大小、形狀，土地的條件，費用多少），以及人的因素（包括住在這個房子的家族構成、生活方式）爲基礎而定。

前一項已經說過，一幢房子必須有三種空間（睡覺所需的空間、飲食所需的空間、生活起居所需的空間），平面計劃卻把這三種空間所屬的各個房間，分成下列三種：

(一)絕對需要的房間。

(二)次要的房間。

(三)希望擁有的房間。

這個重要度，因各人生活方式的不同而異。例如，畫家缺不了畫室，音樂家缺不了防音設備齊全的練習室（鋼琴室）。

但是，不管他是幹什麼行業的人，家裏都有不可或缺，而且利用度最高的房間——那就是起居室（或者說是內客廳）。

起居室的重要性，只要看看只有一個房間的屋子就思過半了。這時候，那唯一的房間，一定是起居室兼臥房。

請想想在帳蓬中生活的情形吧。在帳蓬中生活時，要解大小便一定在外面，煮飯當然也在外面。這就是人類開始有其屋的時候的生活方式。

與起居室的重要性不相上下的是廚房和厠所。房間數不多的時候，臥房和起居室就兼用，隨著時間的不同而改變它扮演的角色。

如果空間還有許可，人人想要的一定是臥房、書房、浴室。要是更有餘裕，主婦就想擁有家事室，以及孩童房。如果還有可以容納的空間，誰都想再擁有飲食專用的房間，孩子的個別房間、老人室、盥洗室等等。

要把這些房間配置在屋子裏，就得考慮到有助於效益（住來舒適）的問題，例如，關係較深的房間（廚房和餐廳；廚房和家事室；臥室和浴室、厠所）就要相鄰，至少也要靠得近。關係不深的房間（廚房和臥房；廚房和書房等）就要隔得越遠越好。

29 屋子正中有不使用的房間——凶

・老宅子之中心，形成空地，是爲凶……宅主之威權勢必衰落（「家相一覽」）

根據家相學的說法，最重要的場所是房子的中心位置，如果這個位置經常空而不用，就認爲是大凶，所以，它指出在這個位置不能有井、浴室、厨房、厠所等。

這個觀念，在現代建築學上的房間配置（平面計劃）來說，正好就是基本原則之一。在平面計劃上，利用度最高的空間，總是放在房子的中心部位，四周再配以其他必要的空間，這樣的設計，使住的人感到格外舒服。基於這個道理，如果把浴室或厨房放在房子的中心位置，就變成住來格格不入的房子。

屋子的中心部位，應該配置起居室，這一點，在前一項已經提過。在起居室的生活次數，可說是無可計數。有時候，它可以是客廳，有時候，它可以是餐廳，有時候，更可以是一家人團聚的地方。用途之多，可說是所有房間中數第一。

所以說，在一幢房子最好的位置，必須使它成爲寬敞、適應目的的機能、住來舒適的地方。

你去拜訪洋人的家，第一個印象一定是起居室都很寬敞，這是因爲：

㈠西洋人對起居室的重要性有充分的認識。

㈡西式建築物的牆壁，都造得堅固異常，各個房間完全獨立，該寬敞的房間，在蓋房子的時候就必須早有考慮。

以目前的住宅荒，想在起居室分出充足的空間，的確不容易，因此，勢必動腦筋去補其缺點。

㈠相連的兩個房間，設計成日式房間，在需要更大空間的時候，把中間的紙門或槅扇（兩面糊厚紙的紙門）除去，打通兩個房間來使用。

㈡起居室和餐廳兼用。這種房間叫做起居室兼餐廳（Living dining）。一般房子經常採取廚房和其他房間兼用的方法。例如，廚房兼餐廳、廚房兼起居室等等。這樣做的時候，廚房最好和餐廳保持密切的關連（緊接在一起）。

起居室主要目的是給住的人帶來輕鬆的感覺，以及一家團聚之用。要達成這個目的，就要造成安定感和開放感。如何造成這樣的氣氛？

㈠牆面要開著。起居室的四面，如果全被出入口、窗口、橱櫃、電視等日常家具佔領的話，就會產生狹隘的感覺，這麼一來，這個房間就變得不適稱，給人沈悶的感受。

㈡天花板保持適當的高度。例如，八蓆大小的房間，天花板的高度就要二・四公尺左右；十二蓆大的房間，天花板的高度就要二・六公尺左右。這樣的高度，可以使房間產生穩定感和開放感。

㈢善用窗簾。通常，起居室的開口部份都偏在東方或是南方，因而缺不了窗簾。白天，拉上遮日用的薄窗簾，日暮之後則拉上防寒用的厚窗簾。採用這個方法就可以使起居室顯得更舒適。

30主人的房間位於房子正中——吉

・建家宅……宅主之居室，以設在屋子正中為宜（「家相秘笈」）

家相學很重視房子的中心位置，這一點，在前面已經提過。根據方位論吉凶的時候，以何處為原點（重點），也就是說，把什麼房間配置在屋子的中央部位——家相學認為這是重大問題之一。

「家相秘笈」中的這句話，意思是說，方位的原點應該放在中央。在中央部位，配置屋子裏

主臥室以設在屋子正中爲宜

最重要的房間——主人的起居室，這才是最有吉相的安排。

在男權爲主的古代社會，這種觀念是理所當然的事。房子屬於主人，房子也是地位的象徵，所以，一幢房子，不可能沒有主人的房間，而，把主人的房間放在最重要的方位——這就是古代建築學的正道。

家相學中的這句話，在現代建築學上也是很重要的一個原則。但是，很多人蓋房子的時候，卻忘了這一點。

由於沒有主人專用的房間，當主人從外面回來，也無法在專用房間休息一下，這就出現他帶著晚報和煙灰缸，在屋子裏打轉轉的怪現象。

一家之主，在時下的家庭，似乎已經

不是一家的中心。父親——這個家族構成中最重要的人物，如今，連家族的一份子這個地位都沾不到，處於「最親的外人」這種怪異的地位。

屋子裏沒有主人的起居室這個事實，使這個怪現象變本加厲。主人回家的時間，越來越慢，家族疏遠一家之主的現象也更爲顯著，發生這樣的惡性循環，說來，良可浩嘆！

有一陣子，流行在屋子裏自設「家庭小酒吧」從建築學上說，這是一家之主有意在屋子裏挣回父權的一種傾向，實在有意思。

一個家庭，絕對缺不了主人「安住」之所。這個「安住」之所，不一定非設在屋子中央的部位不可。要建立一個安定的家庭，這個問題，實在有考慮的必要。

唯有如此，建築所扮演的角色——協助建立一個安樂的家庭——才能完成它的目的。

要是屋子實在沒有剩餘的空間，那也無礙，動動腦筋問題就可解決了。例如，把房子的某個角落，以布簾隔開，不就有了主人專用的「起居室」了？

一家之主在屋子裏離開家人，自己擁有專用的空間，這是一件至關緊要之事，我希望每個家庭都能考慮到這一點。

31 玄關和門口不在一條直線上——吉

・玄關與正門相對，是為凶……偏左或偏右為吉（「家相秘笈」）

這句話的意思是說，外面的正門和玄關成為一條直線，玄關可以從正門一眼看到，這是凶相。如果，把玄關稍微移向左邊或是右邊，使外面的人無法從正門看到玄關的正面，這就成為吉相。

在玄關和正門之間，種植灌木叢，遮住外來的視線，也是可行的辦法。

建築上動這種腦筋的原因有二：

㈠開放性的住宅，由於玄關的門禁不像西式住宅那麼緊嚴，屋子的開口部份也多，所以，必須想出從外面看不到的方法。

㈡使正門到玄關的部份（小道）又長又複雜，造出「總算到了家」的感覺。又，訪問別人的家，碰到這種格局的小道，就會讓人在有個「我就要見到對方了」的心理準備。

這些設想，在現代建築上，也值得採用。

玄關的用處是：㈠當做進出口。㈡脫鞋的地方。㈢偶而也可做簡單的「客廳」，與來訪的人交談幾句。㈣家與外界的「聯絡站」。

由於這個緣故，使外界的人無法一眼看穿玄關，就成爲設計上應有的基本原則。在時下缺少建地的情況下，玄關和正門的距離，越來越短，兩者在一條直線上的情形，似乎很難避免。這時候就要：

㈠把玄關的門禁做得緊嚴。例如，在裏面設備鐵鏈，把玄關的門勾住，使得無法一開就進來。

㈡把玄關的門做成從內部開的門。

第一個原則，可以通用於任何家庭。根據統計，小偷中的八成，是從玄關潛入。

把玄關的門做成從內部開的理由有三：

㈠如果，門是從外面開的，門上的合葉就露在外面，容易被取下。

㈡對客人有著「請進來」那種歡迎之意。

㈢不至於突然被外面的人窺見屋子裏。

32 商店開在東北、西南方——大凶

•位於艮（東北方）、坤（西南方）之商店，由於方位主司陰氣，必有衰微（「家相秘笈」）

做生意的房子，它的玄關就是店鋪。如果這個店鋪，住於東北方或是西南方，由於這兩個方位是招來陰氣的方位，生意就無法鼎盛。

「家相秘笈」中的這句話，在現代的店鋪建築上，也完全適用。因爲，它和日照、風向很有關係。

先談日照的關係。一個住宅，通常以日照的有無做爲住的條件，也就是說，有日照比較受歡迎。不是有人爲了日光被遮，而控告過某一家建築公司嗎？那個人主張他擁有「日照權」，說來也有幾分道理呢。

若是商店，情況就不同了。日照對一家商店，有時候不但是無此必要，反而有害。

商店如果賣的是新鮮食品、鮮花，以及容易因曝曬而褪色的布料，店鋪的方向是在西南方，豈不糟糕透頂？

至於，商店不宜設在東北方，是因爲一到冬天，北風猛灌進來，這對生意也是有害無益，商人當然不願意把商店設在這種地方。

店舖的種類和日照的關係，對生意的興隆與否，息息相關。店面的大小、色彩調節（Colour conditioning）、室內裝潢、店頭的外觀等等，都無法忽視日照的影響。所以，設計商店的時候，最好請教這方面的專家，以免開張之後才發現兆頭不妙，那就後悔莫及了。

商店街和鬧街，興盛時全部商店都一起興盛，衰微時也一起衰微，這在統計數字上早有印證。

之所以如此，都市計劃和社會背景的複雜影響，是主要原因。拿東京來說，鬧街都朝著西方移動。

這個動向，從明治時代算起，依次是淺草—→上野—→須田町—→日本橋—→京橋—→赤坂—→新宿。

觀察每一個車站的四周，西方總是比東方要繁榮，這是很有趣的一件事。

拿神戶來說，鬧街的移動是朝著東方，依次是柳原—→福原—→有馬道—→元町—→三宮。

這種移動的趨勢，在經商之前，務必當做重要的市場調查（Market research）對象之一。

時下的中小企業店舖，很多是店舖、住宅兼用的。商店街的人口密度，如果不太高，生意條件就蕩然不存，所以，當做住宅之地，絕非理想的處所。

店舖和住宅，應該在地區上有所分開，如果一時做不到，只好退而求其次，做下面的補救：

㈠把店舖和住宅隔開（各爲一棟）。

㈡把防音設備做得徹底。

㈢盡量減少厠所之類店員和家人共用的部份。

33沒有後門的房屋——凶

• 不管房屋大小，若有前門而無後門，則無法永住其地，且夫妻之一可能早亡（「洛地準則」）

不管房子有多大或多小，如果只有前門而沒有後門，是不吉之相。家相學對只有一個出口這件事，相當忌避。這顯然是根據安全與通風兩個理由而來的。

從安全的觀點來看，只有一個出口的房間（或房子），發生火災或其他事故的時候，如果出口被擋塞，就無處可逃，勢必喪生或無法全身而退。

沒有後門的房屋危險

在古代，還得考慮到刺客來襲的因素，當然不可以只有一個出口了。

蓋房子的時候，事先就該想到，發生任何災變、事故時，要從哪裏逃，而且還得從整個房子和各個房間的立場去想這個問題。這也是現代建築學在設計一幢房子的時候，應該考慮到的基本條件之一。

從這些觀點來說，出口只有一個，實在是一件很危險的事，當然要列爲大凶了。

另一個理由是通風問題。風，只有出、入口兼備的時候，才會流通。只有一個出口，風就靜止不動，所以，即使是小小的茶室，也都設了複數的出口。

爲了安全和通風，房子必須至少有兩

個出口，這個道理，在現代建築上仍然適用。「洛地準則」中的這句話，可說是相當有科學根據。

話是這麼說，出口要有兩個，並不是任何一幢房子都做得到。通風則不限於出口，只要有窗口就可以達到通風的要求。

說到安全，如果只有一個出口，平時就該想好災變臨頭時的對策。尤其是二樓以上的公寓、大廈，你總不能越窗而逃吧？

基於這個道理，你必須平時就做到：

㈠設法可以從陽台跑到鄰家。

㈡準備結實的救命繩、繩梯等，以便一旦有災難，可以跑到下方的房子內，或是地面。

㈢要有防盜用的警鈴設備。

34 朝南的房子把客廳設在西方——吉

・朝南之屋，西方造客廳，東方造庭，是爲吉（「家相秘笈」）

如果蓋了朝南的房子，客廳應該設在西方，庭院應該在東邊。庭院在東，則早晨的陽光就能照進。由於整個房子是朝南，在白天，也等於是向陽，不愁缺少陽光。

把客廳設在西邊，就有不缺陽光，冬天也溫暖的好處。又，夏天會吹來東南風，所以，涼爽無比。冬天則西北風被遮，有禦寒之效。

總而言之，這是典型的冬暖夏涼的房子，具有吉利之相。在現代建築上，這個道理也完全通用。

蓋朝南的房子，對夏天的通風應該有所考慮。夏季的風，以南風、東南風爲主。風這個東西，光有入口，它就不會進來，必須另有出口，它才會流通，給人帶來涼爽。

庭院在東就表示，風可以從南流向東。如果想使房間有風流通，就有必要在北方設個窗口。窗口不必太大，一樣也有通風的效果。家相學特別强調，蓋房子要顧到夏季的通風情況，是很有道理的。

夏季的炎熱，可以靠外牆的建材和構造，使之減弱。能夠減弱到什麼程度，那就要看：

㈠牆壁的熱氣傳導率。

㈡牆壁的熱氣容量。

㈢牆壁的厚度等三個因素而定。

這三個因素，複雜地夾在一起，所以，不能一概而論，但是，若以減弱度的次序排出牆壁的建材，應該是：

㈠影響最大的是中空的甎瓦、水泥、土牆等。

㈡減弱度最差的是木板、鐵板。

35臥房和大門位於一條直線上——凶

・寢室與大門直衝，應懸爲禁例（「家相秘笈」）

直對著大門設臥房，是一件不吉利的事。

餐廳、寢室、起居室是住宅的三個基本要素。三者之中，寢室是最基本的部份。我們翻看「住」的發達過程，就知道「住所」的產生，也就是從睡的地方開始。

我們的祖先，在狩獵時代，或是農耕時代的初期，住的是「豎坑」狀的一個房間。白天，從吃飯到做其他的事，他們都生活在外面，「豎坑」狀的房間，只供做晚上睡臥之用。

後來，生活方式日漸進步，生活技術也日益改善，才把白天生活的部份和晚上睡覺用的房間分開，發展成目前這種住宅，房間也各自扮演它的機能。

今後，生活愈進步，家族的分化也愈有進展，那就很有可能變成吃飯在外，工作在公司，娛樂、休閒也在外的時代。

卽使到了那個地步，我想，只有睡覺的地方仍然是在家裏。也就是說，家，又扮演了與原始時代一般無二的角色。

這表示：寢室既是「住」的原型，也是「住」的最終形態。「家相秘笈」中的這句話，說的就是顧到寢室的條件——爲了確保安全與寧靜，該有的配置。這個道理，與現代建築所考慮的一模一樣。

我們姑且先來談談寢室的安全問題。

人類在寢室睡覺和生殖，這是寢室具有的機能。它的先決條件（也是絕對的條件）是：不受第三者的威脅，也就是要絕對安全。由於這個緣故，把寢室設在與外界直接有接觸的門，或是玄關的附近，或是可以筆直走進來的地方，危險性之大，是可想而知的。

爲了保持寢室的寧靜，不宜把它設在門或是玄關附近，這也是一想就知道的道理。

現代生活比古時候有更多的噪音、公害、光亮，多方妨礙睡眠。要減少這些因素於最低限度，就得把寢室盡量設在房子的內部，而不是設在離門口不遠之處。

設在房子的內部時，也要注意，必須設在拐個彎的地方，而不是筆直走過來就會碰到的地方。

從這些觀點來說，「家相秘笈」中的這句話，在現代「住」的環境而言，比古時候更有啟示作用呢。

36 臥房設在廚房附近——凶

・寢室附近若有爐竈，小兒必定遭殃（「家相秘笈」）

臥房附近，若有爐竈，對小孩就不吉利，意思是說，臥房和廚房必須遠離。

在前一項已經說過，臥房最好設在遠離走道的寧靜處所。配置其他房間時，也要顧到盡量離開有人經常走動的地方，這是不限於臥房的基本原則。

一幢房子之中，有人經常走動的地方是：起居室、餐廳、廚房。尤其是廚房，它不但有人經常走動，由於裏面與火最有關係，危險性也大，可說是離臥房越遠越好的地方。

「家相秘笈」中的這句話，顧到臥房的安全和寧靜，充分表現了古人的智慧，與現代建築學

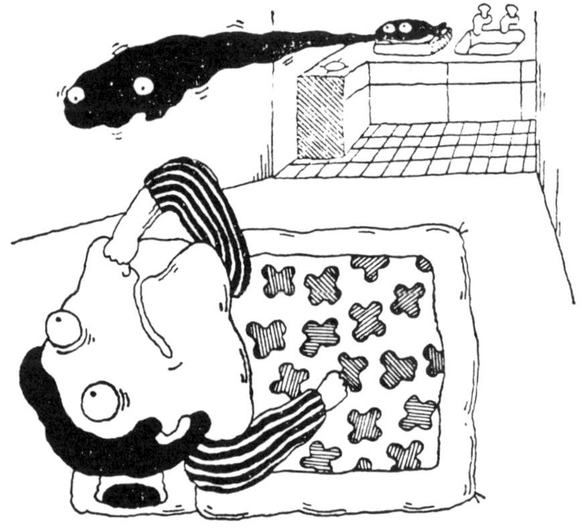

臥室緊鄰廚房危險

的道理，當然也完全符合。

臥房必須具備四個要素：

㈠必須與外界隔絕。

㈡必須設在沒有人常走動的地方。

㈢必須有最高的安全度。

㈣日照、通風的情況，相當理想。

一個大人睡了一個晚上，棉被就會吸走一杯水那麼多的水份，濕氣之多，由此可見，所以，保持臥房的乾燥，至爲重要。

又，一到早上，拉開窗簾，如果明亮的陽光一瀉而入，在精神衞生上這是很好的一件事。這就是臥房必須日照情況良好的道理所在。

通風也必須良好，理由有二：

㈠可使白天充塞在臥房和寢具（被褥、床單、枕頭之類）中的濕氣，變得乾燥。

㈡睡覺中，可使室內的空氣很好地流通。

人，在睡覺的時候，需要一小時約莫二十公升的新鮮空氣。如果，夫妻二人在六蓆大小的房間睡覺，空氣在二小時內，就有流通三次的必要。

若是日式房間，這種空氣的自然流通，當無問題，換了水泥或是砌塊型的房間，很可能在數小時內空氣才有一次流通的機會。

住在這種「氣密度」甚高的臥房，就有必要使用通風器或是空氣調節器，促使空氣流通。

37 臥房擺放衣櫥——凶

・寢室置有衣箱、橱櫃之類，是爲不吉（「家相秘笈」）

衣橱，長方形帶蓋的箱子、櫃等，是古人收放衣服或各種用具的日常用品。「家相秘笈」中的這句話，是說，在臥房內擺放這些東西，實在不值得提倡。

長方形帶蓋的箱子和櫃，都是收進不急用之物的用具，平時並沒有放在臥房的必要，應該放在儲藏室，需要的時候才去找裏面的東西。

衣櫥，照道理是臥房必有的東西，但是，古代的房子，衣櫥大多是設在牆壁中（一推就進了牆壁中，不礙到人的走動），並不像現代這樣，整個都露在外面，佔了不小的空間。

所以，這句話應該解釋爲：別把衣櫥放得礙到臥房的眞正機能（佔了太多空間，使空氣顯得沈悶，氣氛也不敞）。

這句話，可說是針對今日圍滿了用具的臥房，嚴厲的評語，意義之大，非同尋常。

有些人，把出嫁時帶來的各種衣櫥、三面鏡之類的嫁妝，放滿了臥室，搞得空間狹小，只好擠在一小塊地方，舖被而睡，說來，眞是可笑之至。

此後的臥房，應該以早起後可以略事梳理爲原則，這麼一來，擺放衣櫥、衣箱仍然有其必要。問題是在，如何擺放而已。

首先，必須注意到不要破壞了臥房所需的寬度和開放感。爲了這樣，就得像古代那般把衣櫥設計成進入牆面，或動動其他腦筋，盡量使牆面沒有突出的部份。

蓋房子的時候，除了前面說的以外，還要顧到一個原則，那就是：浴室、化粧室、廁所應該設在臥房附近。

歐美諸國的家庭，都把這些視爲臥房的一部份。他們把家分爲家族自己使用的「私密」（Pr

ivate)的部份，以及接待客人的「公共的」(public)部份，而，「私密」的部份就以臥房爲中心，使臥房發揮它該有的機能。

這種觀念不但非常合理，使用起來也異常稱便，值得模仿。唯一要注意的是，浴室也好，厠所也好，都要使用大量的水，所以，設在二樓的時候，必須有防水的考慮。這方面，不妨請教專家(設計家)。

38 厨房面向東方——吉

・若論爐竈方向之優劣，當以東、東南方爲吉(「家相大全」)

「家相大全」中的這句話，是以爐竈的方向爲討論的重點，它指出，爐竈以朝東、東南方爲吉利。這句話的理由，可以從占卜和厨房實用性兩方面來說明。

從占卜的方面來說是這樣的。占卜的基本就是五行(木、火、土、金、水)。五行要套在時間和方向來占卜。

五行有所謂五行相生之說(以木—↓火—↓土—↓金—↓水—↓金的順序循環不息)。根據它的說法，木可以生火，而，木是屬於東，火是屬於南，因而認為，燈火的爐竈，以朝東方、東南方為吉利。

從厨房的實用性方面來說是這樣的。古時候的爐竈是以木為燃料，所以，因風向之不同，有時候就燒得旺，有時候就濃煙直冒。

如果，爐竈是朝東或朝東南，作飯就最容易。把這句話套到現代建築，就得把爐竈當做厨房的象徵，把它的方向當做厨房朝向的方位。

這就是說，朝東或朝東南的厨房為吉利。以現代的眼光來看，這兩種方向之所以吉利，可以舉出兩個理由：

㈠主婦的勞力，將因此而減輕許多。

㈡厨房的衞生管理上，它是絕好的條件。

先說明第一個理由。拿古代和現代的房子來比較，機能上最有進步的，當推厨房。它的變化可以從各種層面舉出例子。主要的變化，不外下面三種：

㈠在厨房工作的人，從以前的女傭，變為目前的家庭主婦。

㈡操持家事所需的用具（例如：瓦斯爐、電鍋、冰箱等）大量普及的結果，厨房的空間就不需以前那麼大了。

㈢飲食方面由於有了驚人的「速食」化傾向，廚房再也不像那樣，終日髒兮兮，因而餐廳和廚房就有了合併的可能。

這三個變化之中的第一種變化（在廚房工作的人以家庭主婦爲多），使廚房更有必要因工作輕便而讓主婦受益，所以，廚房面對的方向，也從以前的朝北，變成條件較佳的朝東。

㈣衞生管理上有了更好的條件。

東方和東南方，在一天中氣溫、室溫最低的時候，會射進陽光。在溫度上升的下午，由於太陽西傾，廚房就變得不怎麼悶熱，食物也就沒有腐敗的顧慮。

朝南的廚房，條件當然也好，但是，房子當中最好的位置，當做廚房，未免太可惜，也無須如此。

朝西的廚房，一到夏天，必定燠熱難當，如果把廚房設在這個方位，牆壁應該使用隔熱建材，以防暑熱。冰箱也要選個理想的，以便防止食物的腐化。

廚房設在朝西北、朝北的地方，就得在防寒、防濕上，特別留心。

39 廚房設在西南方——大凶

・廚房爲烹飪之地，具潮濕之氣，又爲洗汚穢之所，故設於西南爲大凶（「家相大全」）

這句話的意思是說，廚房是大量用水的地方，又是經常處理菜屑、魚臟等不乾淨的東西的場所，所以，設在西南方，就是大凶。

這是因爲西南方是鬼門正後方的方位，依照家相學的理論，不可以放置不乾淨的東西。這句話在古代建築的觀點來說，頗有道理。

㈠在夏季，食物容易腐敗。西南方的廚房，陽光充足，衞生上可說是極好，但是，夏天一到，氣溫大升，沒有冰箱的古代，食物很快就腐化。

㈡風帶來的缺點。夏天的風以南風爲主，所以，把廚房設在西南，從中出現的熱氣和氣味，就瀰漫在整個屋子裏。另一個缺點是容易帶來火災。

這句家相學上的警語，套在現代住宅上，也有很大的意義。

由於在廚房工作的人是家庭主婦，廚房的地位就驟升，重視廚房的結果是：大事流行把廚房

廚房不宜設在西南方

設在陽光最充足，通風也良好的南方。

照理，條件最佳的地方，應該配置家人常常聚合的起居室才對。犧牲一家人團聚之地，把廚房設在條件最佳的位置，未免太過份，因而引起有心人士的群起反對，後來，大家就把廚房設在以東邊爲中心的方位。

設計房子的時候，最重要的是應該從整個「大局」去考慮。要想到，一家人生活的中心是什麼，在哪個地方進行，然後才把它放在屋子的中心。偏於一方的作法，實在令人不敢恭維。

40 老人室設在東南——吉

・老人居於東南或南，吉也（「家相秘笈」）

老人住的房間，應該盡量選個條件好的。尤其是日光充足的房間，對老人的健康有莫大的好處，所以，「家相秘笈」就强調，把老人室設在陽光充足的南方，或是東南方。這一句話，在現代，當然也通用。

尤其是東南方，早晨的陽光也會射進來，對習慣於早起的老人家來說，住在這個方位上的房子，自是最爲理想。

要是怎麼想辦法也只能住在北邊或西邊的房間，就得在防寒、防暑和通風上，比平常要多動一點腦筋。

如果，房間內設了冷暖氣機，特別要注意到，勿使氣溫的差別，與外界相差太多。

老人住的房間，除了注意日照、通風之外，還得注意到下面的條件：

㈠他住的房間不要離家人的房間太遠。

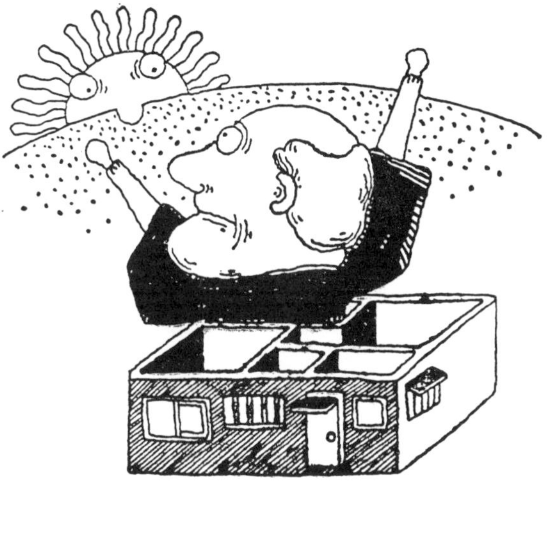

老人室設在陽光充足的南方或東南方

古時候，老人把家業交付給兒子退休之後，往往在宅地中選個離主房而立的房間，在那裏悠閒過日。這種生活，閒則閒矣，未免太孤立了些。

老人室還是設在容易和家人一起生活的地方爲宜。有些人說，應該造個能使老人清靜過日的房間，讓他不受家人的干擾。這個話，乍聽好像是極盡孝順之能事，但是，進一步分析，會發現這是最「不親切」的行爲。

我個人的看法是：讓老人家和幼小的孫兒住在一起，反而會讓他覺得幸福無邊。

㈡要顧到老人的安全。

老人室與其設在二樓，不如設在一樓

。如果，非設在二樓不可，就得注意把樓梯造得不要太陡，而且，還要造扶手。

老人室更不能離厠所太遠。最好是在房間中有厠所，或是鄰近就有，好免去他「跋涉之苦」。

㈢盡量使老人室靠近庭院。

老人室設在東南或是南方的時候，大致上說來，走不了幾步就可以到庭院。要是設在其他方位，應該設計成可以看到庭院，或是很容易就能走到庭院。附設走廊或是廊子，也不錯，它對老人的行動和心理，會有好的影響。

41浴室設在東北方或西南方——大凶

•西南有浴室，凶也。東北有浴室，凶也（「家相大全」）

東北方就是所謂「鬼門」，西南方就是鬼門正後方，前面已經提過，鬼門和鬼門正後方，最忌水氣和汚穢。浴室充滿了水氣，又是沖掉汚水的地方，所以說，切忌在這兩個方向造浴室。

從古代建築的觀點來說，這句話頗有道理。首先，談談在東北方忌造浴室的理由。

㈠風向的問題。

在冬季，風從北方吹來，這麼一來就有火星四散的危險。又，當時的「氣密度」很低，浴室中就有冷風直刮進來的毛病。

㈡日照的問題。

由於東北方的陽光不太充足，浴室不易乾燥，濕氣一多，就發生建材腐朽的現象。

通常浴室，都是濕漉漉地，最需要使它乾燥，可是，由於座落在東北方，只有早晨短暫的時間，有陽光射進，所以，整天都無法乾掉。

如此一來，柱也好，地基也好，板壁也好，無不很快腐朽，喜愛濕氣的白蟻，更是大量繁殖，把浴室中的建材，蠶食殆盡。

接著談談浴室設在西南方的缺點。

㈠風的問題。

夏季，風從南方吹來，在防火上這是極大的缺點，所以，浴室設在這個方位，就得經常提心吊膽。

㈡房間配置的問題。

西南是陽光充足，夏天又是風也很流通的方位。也就是說，夏涼冬暖的地方。這麼一個理想的位置，讓浴室佔據，從整個房子的應用上來說，未免太可惜。

把「家相大全」這句話，套在現代的浴室來看，不管是東北方或是西南方，都有古人敬而遠之的缺點。

浴室的位置，必須顧到它和其他房間的關係而決定。判斷的基準是這樣的：

㈠考慮到主婦工作上的關聯性，必須靠近厨房、洗衣的場所。

㈡從給水、排水的關聯上著想，它必須靠近厨房、洗衣的場所、厠所。

㈢必須靠近臥房。

從這些分析，當知浴室有時候或許要配置在東北方。那時候，就該考慮到防濕的問題。即使是木造的浴室，窗戶以下，必須使用水泥來建造。

牆壁還是使用磁磚爲宜。如果經濟上無法把整個浴室舖上磁磚，至少要在直接碰到水的地方舖上磁磚。窗口也要大。不使用浴室的時候，把窗戶打開，使浴室和浴池，早一點乾燥。

浴室設在西南方的情況，並不多見。如果非設在這個方位不可，就要留意到給水管、排水管的暢通。

42 厠所設在屋子正中——凶

．居中造厠所，宅主必定病體趨弱，難有生趣（「家相秘笈」）

家相學很重視房子的中心部位，這一點，在前面已經說過，在如此重要的地方，居然設了污穢的厠所，實在離譜太甚——這就是「家相秘笈」這句話的意思。

古代的厠所，全都是糞尿積滿之後才汲取。我們不妨設想一下，如果在屋子的中心部位造了厠所，豈不是臭氣滿屋？

在汲取糞尿之後，要把它挑著，也得橫過房子內部，那種景況，實在「不忍卒睹」。

這麼說，厠所到底設在哪個方位才好？家相學對這一點好像沒什麼興趣，並沒有積極作答。厠所這個東西，設在哪個方位，都談不上什麼吉利，頂多只能避開「大凶」的方位而已。

厠所給人的印象是「髒」，但是，每一個家庭至少也要有一個，可說是蓋房子的時候，最叫人難以處理的場所。

古人造厠所，大多以遠離屋子爲原則，可見他們對厠所的印象是能避遠則避遠，一樣也爲它感到頭痛。

時至今日，厠所已經進步到「坐馬桶」，臭氣四溢的現象不復存在，可是，「家相秘笈」中的這句話，仍然通用。

也許，有人會說，臭氣不再四溢（有些厠所還噴香水，芳香四溢呢），把厠所放在屋子的中心部位，有何不可？事實上，就有人這麼嘗試過。

其實，厠所為中心的房子，住起來怪不舒坦地，它的理由有二。

㈠房間配置上的問題。

房子的中心部位，應該由使用的時間最多的重要房間來佔據。如果，厠所在中心，每個房間就無法連成一條線，活動上的浪費就大大增加。

又，厠所應該設在靠近臥房的地方，才算稱便。通常，臥房都在房子的最內部，如果把厠所放在中心，與臥房的距離就顯得太遠。

㈡給水、排水的問題。

厠所若在房子的中心，埋設的水管就得通過房間下方，這麼一來，萬一發生故障，修理費時，實在不划算。

從以上的分析，當知厠所還是不宜設在房子中心的部位。厠所的位置應該根據下列條件而定

：

㈠必須靠近臥房。

㈡要設在不必經過人多的地方（例如，起居室、餐廳）就能到達的地方。

㈢盡量靠近厨房、浴室、盥洗室等有給水、排水之必要的地方。

43厠所朝北而設——大凶

‧設厠所於朝北之處……災難不絕（「家相奧義」）

在前一項中已經說過，家相學認為厠所並沒有所謂「吉利的方位」，它只指出設厠所應該忌避的方位是朝北，以及房子中心的部位、東北、西南等方向。

厠所如果朝北而建，從秋分到春分，都碰不到陽光，因而顯得特別陰冷，從健康上而言，至為不利。衞生上也好不到哪裏。所以說，「家相奧義」中的這句話，是相當有科學根據，令人口服心服。

這句話，對現代的厠所也有重要的啟示，那就是：厠所也該有暖氣設備。

厠所朝北，顯得特別陰冷

建築技術已經進步到暖氣有空調系統，所有的房間都可以有暖氣，唯獨在必須脫衣服的地方——厠所、浴室，反而沒有暖氣設備，說來，眞令人想不透。

正如家相學所說的，寒冷的厠所具有凶相，到了現代，這還是說得通的道理。眞希望建築公司或專家，能夠大力主張厠所要有暖氣設備。只要有意如此，這並不是頂難的事。

家相學也提到厠所的窗。打開厠所的窗，目的是在採光和使空氣流通。厠所的窗，要比一般房間的窗要高，高度大約是大人站起來後，只能見到胸際以上的部位爲宜（窗口下的長度約莫一・二公尺）。

要使厠所內的空氣流通，可以在天花

板附近做一個通風窗，也可以在地板附近設個塵土窗，兼爲採光之用。另外，也該有通風扇的設備。

44 廁所和大門口相對——凶

・廁所直對大門口，家人當爲腫瘡之苦（「家相奧義」）

這句話的意思是說，如果廁所和大門口相對，家人就常爲疙瘩、腫疱、腫瘡、癤子之類的東西而頭痛。

前面已經說過，古時候的廁所，通常都設在遠離屋子的地方，以便從屋後進去汲取糞尿。污穢的廁所，若在門口的正對面，有人來訪，一眼就瞧見——這是家相學所忌避的事。這個道理，在現代仍然通用。

想想，客人也好，家人也好，開了大門一腳踏進，立刻映入眼中的是廁所，你說，誰不會覺得「怪彆扭」的？話是這麼說，如果是蓋在建地極小的小住宅，有時候，玄關的旁邊就是廁所，這種房子的廁所就要考慮到，窗不要開在面對門口的地方，而要開在從大門口看不到的側面。

避免廁所與大門口相對

尤其是最近盛行的預售房子，很多是把廁所設在玄關側面，雖然沒有和大門正面相對，也是成爲斜對面。在沒有下水道的地區，這種現象至爲普遍。

做這種配置的，多見於在狹小的建地，以較廉的價格，勉强蓋起來的房子。因此，從廁所配置的三個條件（請參照第四十二項），到底做到什麼程度，可以看出整個房子是不是住來舒適。

決定廁所位置的時候，應該想到，廁所不一定只限於一處。若是二樓建築物，臥房在二樓，那麼一、二樓都該各有一處廁所。

又，有人以爲像飯店的房間那樣，浴室和廁所相連，才是西式的房間，這是大錯特錯。在歐美諸國，只要是經濟上過得去的家庭，浴室和厠所是分開的。奉勸各位，如果空間許可，最好也把浴室和厠所分開。

45 在主房的西方另建一室——吉

・主宅西方另有一房，乃主人繁榮之兆。……若有走廊相連，婦女必有佳運（「家相大全」）

離開主房，在西方另建一室，而且又有走廊連接雙方的建築物——這是家運大好之兆。這句話的意思，可以解釋爲，另建的房間，如果座落於西方，對主房也好，另建的房間也好，都不會構成什麼障礙。

例如，另建的房間如果在主房之南，就阻礙了主房的日照和通風。反過來說，如果在主房之北，由於主房通常大於另建的房間，它就給主房遮住，變成陽光全然照不到的地方。

若在主房之東，又是如何？情況如同在主房之南，日照和通風都大受阻礙。

如果在主房之西，不但防止了西北風冷冽的侵襲，亦能防止夕照。古人建造泥灰牆的倉庫時，通常，都選擇主房之西到北的某一個地點。以現代來說，另建的房間，它的利用價值低於主房，所以，還是選在主房之西爲宜。

「家相大全」這句話特別值得注目的是：强調了走廊的功用。走廊和廊子常被混爲一談，其實，兩者的機能各有不同。

走廊，是連結室內兩個場所的通路，使人往長的方向而動的場所。廊下則連結屋內、屋外的「緩衝地區」，使人往寬的方向而動的場所。

走廊有兩個好處：

㈠不必經過其他房間而移動，因此，各房間的獨立性可以維持不墜。

㈡寬大的走廊可以做爲通路之外的用途，例如南邊的走廊可以兼做日光浴室（Sunroom）。也可以擺放縫紉機和熨斗架，兼爲主婦的家事室。如果另一面是牆壁，還可以在那裏釘擱板。

廊子的主要特色是「使人與自然親近」，是個「半戶外」的生活天地，與現代住宅中的陽台、平頂（terrace）那樣，扮演了連結家和庭院，擴大生活空間的功用。

由此可知，走廊也好，廊子也好，都能爲我們帶來「心情寬裕的生活」。當然，由於在有限的面積內，它也隨著影響了房間的面積，因此，到底把房間的面積變大好呢，還是設了走廊、廊子好呢，這就要看家族的構成和生活樣式如何，才能下決定了。

46 樓梯在房子正中——凶

•寬幅之樓梯……設於正中，應懸為禁忌（「家相秘笈」）

這句話的意思是說，如果是二樓建築物，在屋子正中設樓梯，是一大禁忌。它的理由有三：

㈠違反了家相學的基本原則。

家相學認為屋子的中心地帶，是家裏最重要的處所，在這個地方，應該配置一家之主的房間，或是其他應用度較高的房間，不該以樓梯破壞了整個格局。

㈡幸福受損。

把樓梯放在屋子正中，無異把房子割裂為二，不但破壞了屋子的一體感，家族的幸福也將被破壞殆盡。

㈢走動不便。

樓梯若在屋子正中，進了玄關之後，還要走一段才能到達樓梯，至為不便。玄關在屋子中間並不太好，應該偏於一方，同理，樓梯也該偏於一方，如此一來，進了玄關，馬上遇到樓梯，走動稱便。樓梯偏於屋子的一邊，也可以使正中部份沒有任何佔據物，房子的功用就更能發揮出來。

這些道理在現代建築上，也完全適用。一樓的正中處，若被樓梯佔領，一樓的房間就被割斷，配置上就失去了機能上的聯繫。如此說來，樓梯到底設在哪裏才好？

這就要看二樓有什麼房間才能決定。

如果，二樓以個人專用室和臥房爲主，有必要顧到私密性，樓梯就要設在玄關、餐廳、厨房附近。

浴室和厠所在臥房附近時，樓梯的這種位置也算稱便。如果，二樓是客廳之類不必重視私密性的房間，就把樓梯設在由玄關可以直接上去的位置，那就不但稱便，從空間的利用上說，也算更有效率。

造樓梯的時候，最重要的是必須確保安全。「踏級」（一個堦蹬的高度）必須在二十三公分以下，堦蹬的進深要在十五公分以上。這是最低限度的數字，如果照這個數字，對小孩、老人來說，坡度太陡，不好爬。最理想的樓梯（好爬），應該是「踏級」的高度約莫十七公分，進深約莫二十公分。

樓梯的形狀有直線型、L字型、U字型、螺旋型等。

直線型單純而不浪費面積，費用也可以省得多，但是，坡度不急的直線型樓梯，深度必須較大，這一點，事先要考慮在內。

L字型樓梯又稱折彎式樓梯，中途折彎之處，必須有「休息板」，因而多用了這個空間，但是，卻有屋子角落可以有效利用的好處。

U字型樓梯多用於百貨公司和學校，天花板高的時候，這是最方便的一種。

螺旋型樓梯是面積花費最小的一種，可是，越靠近中心部位，堦蹬的面也越淺，爬的時候，身體也要回轉，所以，伴隨著危險。

不管採用哪一型，爲了提高安全度，以及保持牆壁的乾淨，必須附設高度約莫九十公分的扶手。

47 窗口朝北——凶

・窗口朝北之家，婦女必患經水不順之症（「家相秘笈」）

這句話的意思是說，在朝北之處造窗，女性就有月事不順之類的婦科病。

朝北的窗，在冬季，即使想使室內溫暖，熱氣卻不斷地往窗口跑，又，寒冷的北風也從這兒吹進，缺點可眞是一大堆。

古代並沒有隔熱用的建材，也沒有提升「氣密度」的建築技術，所以，寒氣從朝北的窗口猛灌進來的情況，不難想像。

寒冷正是婦科病最大的原因之一，所以，「家相秘笈」中的這句話，一語道破了朝北的窗和健康的關係，說來，是很合乎現實的智慧。

朝北的窗這種缺點，在現代建築上，也沒得到完全的解決。我們不妨根據家相學的教訓，研究如何改進這些缺點。

㈠大小的問題。

在北邊設窗戶，並不是爲了獲得陽光，而是爲了空氣的流通和使屋內明亮。與其他方位的窗戶比較，只有消極性的意義。又，窗戶的面積越大，從這兒被奪走的熱氣也越多。

基於這個理由，北邊的窗口，應該做成最小限度的面積。窗口的面積，通常是地板面積的七分之一以上。如果，北邊只有這麼一個窗戶，可以根據這個標準來設計。

㈡建材的問題。

窗的建材要從「使氣密度增加」和「防止結露」這兩點來考慮。要增加「氣密度」，可以使用最近問市的鋁製窗框（Alumi—sash）、鋼窗（Steel sash）等等的金屬窗框。但是，金屬窗框在結露的時候，水滴往往會結凍。

木造的窗框並沒有這個缺陷，但是，氣密度太低，眞是天不賜兩美。

北歐的建築物，它的窗框，厚達十公分（木造），玻璃也是雙層的，所以，一掃這個缺點（氣密度高），外表上也給人穩重的感覺。

㈢構造的問題。

構造上應該動些腦筋，例如，做成向外突出的窗，或是雙層的窗，並且附以窗簾（防寒）。如此一來，建材上難以解決的「氣密度」和結露的問題，就可以獲得改善。

向外突出的窗，除了可以使房間更寬敞之外，還有使房間有了變化的好處。

又，設在北邊的窗戶，受北風的影響，給人蕭殺的感覺，不妨在窗口放些花盆，如果建地可以允許，也不妨在面對的土地上造個花園。

48 朝西的房子在南邊造窗——吉

・朝西之家，陽氣在南，若在南方造窗，是爲吉相。杜塞南方，設窗於北方，則濕氣重重，病患不絕。南北各有出口則無須如此（「家相秘笈」）

這是教我們窗的位置應顧到通風問題的話。

朝西而建的房子，必須在南邊開一個大窗，充分吸取陽氣，北邊也造個窗，使風得以南北流通。

北邊有窗，而南邊無窗，屋子裏必生濕氣，那就有礙健康。窗與出入口扮演的是同一個角色，所以，南北各有出入口的家，就不必採用這種開窗的方式。

「家相秘笈」中的這句話，在設計房子時，可說是古今皆然的原則。

風這個東西，光有入口，沒有出口，它就不會進來。又，進入房間的風量，一定受較小那個開口部門的面積所左右，這個道理，很多人都昏然不知。

我一個朋友，買了一幢預售房子。那個房子，在南邊開了一個大窗，但是，其他方位卻密閉無窗。房子蓋好的時候，正是冬季，住起來格外溫暖，朋友就樂得什麼似地。

哪知，一到了春天、夏天，可就有得瞧了，由於窗戶只那麼一個，在屋裏可眞是燠熱如在蒸籠之中。後來，實在受不了了，只好在北邊開了一扇窗。

房子蓋成之後，才又鑿壁造窗，不但費時，也費錢，實在划不來，所以，務必未動工之前，就考慮到房子的方位，房間的大小、機能，以及窗戶的位置和大小，以免事後補救，耗費一筆冤枉錢。

考慮窗口的位置時，必須注意兩點：

㈠方位的問題。

方位上應該顧到的是：夏天的風，會不會流過整個房間？冬天的風是不是不會吹進來？東邊到南邊，日光是不是會射進來？西照陽光是不是不會射進來？

根據這幾個要點，當知由東到南、西南方向的窗，應該積極造設，由西到北的造窗，就該採取消極方式。

㈡高度的問題。

寬大的房間，以及需要大量陽光的房間（例如，孩童房、老人室），除了一般高度的窗，還得在靠近天花板的地方，另造一個窗。這是因爲，較高的窗，比低處的窗更能採光的緣故。

一、二樓中空的房間，必須在一樓的高度造個窗，二樓的高度也造個窗。臥室的通風窗，要設在靠近地板的高度，以便睡覺時也能呼吸到新鮮的空氣。

窗戶的大小，由東到南、西南以較大爲宜，由西到北以較小爲宜，中間的方位則適中爲宜。

又，起居室、工作室、孩童房以大爲宜。書房、臥室等需要寧靜氣氛的房間，應以適中爲宜。

49 商店供奉的神龕，路人一眼可見——凶

・商店設神壇，而路人皆可見，實爲無禮至極（「家相大全」）

這句話的意思是說，有些商店，在店內供奉神龕，當做店鋪中的一種裝飾，但是，由於路人走過，一眼可見，未免對神佛大不敬，若要供奉，應該放在路人看不到的地方，以示敬重神佛。

商店或一般家庭，供奉神龕，朝夕祈拜者頗多。安置神龕的場所，有的放在飯廳，有的放在起居室，有的另闢一室，可說是不一而足。

不管場所如何，目的是在祈求一家的平安、幸福，而今，居然把它當做「給人家瞧熱鬧」的東西，裝飾在路人皆可見的地方，無異冒瀆了神明。

商店供奉神龕，忌路人一眼可見

有關供奉神龕的方位，諸說紛紜，似乎是哪一個方向都無礙。這也就是說，應該供在家人常聚合之處（不礙工作，又能表示愼重以對的地方）。

這種觀念，在現代仍然通用。

神龕或佛壇在實際生活上，並沒有直接的作用，但是，信神並不是壞事，它甚至給一個人心理上的支撐，間接的作用，往往不可忽視。

這樣的東西，當然不能對之簡慢，所以，最好選個適當的場所，當做「聖地」。

在西歐，教會的聖壇是設在西側，入口則面向東。這是由於羅馬人「光明來自東方」的思想，以及第一代基督教會始自東方之國的緣故。由此可知，西歐也有家相、方位的觀念，這倒是一件有趣的事呢。

第四章 從構造斷吉凶

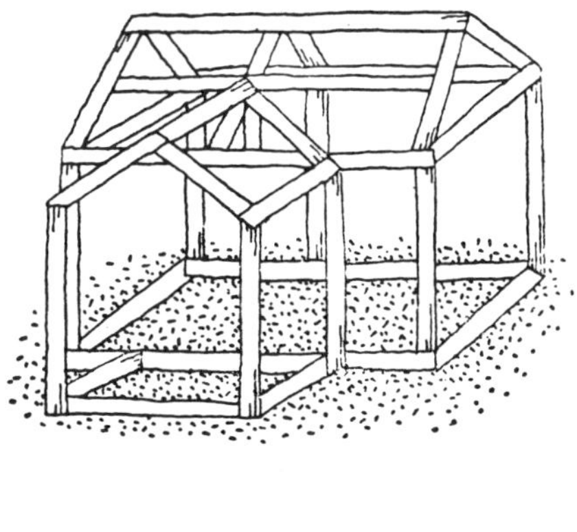

50 鑿屋簷使樹木從中穿過——凶

・樹木穿簷或偎簷而立，凶也（「家相大全」）

家相學很忌諱挖洞、損害均衡，使之缺損等等違反自然的事，所以，鑿穿屋簷之類的事，當然是期期以為不可。

樹木從四周給勒緊似的事，也等於是限制了大自然的「恩惠」，在這兩種理由之下，產生了「家相大全」中的這句話。

古時候，樹木衆多，家相學指出的這個現象，很可能到處可見，卽使是現代，我們也偶而看到這種現象。

正如「家相大全」所警告，在現代建築上，也要避免這個現象。它的理由有三：

㈠危險性的問題。

房子旁邊如有大樹，很可能給建築物帶來危害。例如，颱風或强風來襲時，樹枝將斷不斷，或是整棵樹轟然而倒的可能性極高。就算樹木未倒，由於風的吹刮，樹木就搖幌，這麼一搖幌，就會給屋子帶來傷害。

樹木因風而搖所產生的振幅，比我們想像中還要厲害。即使事先把屋簷鑿穿了一個大洞，往往也撐不住。平時，房子附近若有樹木，落葉就不停地積於屋頂，落水管就被塞住，招致屋頂的損害。

㈡房子地基的問題。

一棵樹大到必須鑿穿屋簷，使之穿過，那就表示，它的根，一定伸張到建築物下面。例如，以松樹來說，如果高達十公尺，樹根在地下錯節的範圍，就達直徑十公尺。樹幹長得越粗越大，樹根也成比地成長，所以，即使在蓋房子當初，沒有什麼障礙，不久之後就足以動搖地基，對整個房子構成危害，這一點，實在不能不愼。

㈢樹本身的問題。

鑿穿屋簷使樹穿過——動這種腦筋，與其說是在樹木快長到與屋簷齊高的時候，不如說是在大樹已在的地方蓋房子的時候居多。

已經枝繁葉茂的大樹，不忍心把它砍掉，才用這種辦法讓它繼續成長——這種行爲，看來好似很尊重自然，也蠻有風雅之心，其實，對樹木本身也有壞影響。

例如，受到工程的影響，或是日照、地下水的關係，存心要讓它成長的樹，往往不出多久就枯萎致死。

我曾經替一位老先生設計一幢房子，老先生要求屋旁的老松樹一定要留下來，我拗不過他，只好依了他的意思，鑿穿了屋簷，把那棵松樹留下來。

由於做得恰到好處，樹與房子相映成趣，當時，我還爲自己的此項「傑作」而沾沾自喜。哪知，房子蓋好後，不出多久，它就枯死了。

巨樹一死，總不能任它直立於那裏，那有多殺風景！於是，開始砍掉它。當時，爲了收拾這個「殘局」，屋簷也弄壞了，給逼得重造屋簷，眞是費了不少氣力、時間。

從這個例子，不難了解，屋旁之樹最好在蓋房子之前，當機立斷，不砍掉就得移植。這麼做，對房子也有好處，對樹木本身也有好處，同時，正如家相學所說的，也合乎自然之理。

51 正面呈現凸字形的房子——凶

・築屋而外形與山字型、火字型絕似，是爲不吉，其屋必有火災、散財之禍（「家相秘笈」）

從正面看的建築物，外形很像山字或是火字，意思是說，房子的中心部位蓋成二樓，左右只有一樓。這種房子，看來就像因寒冷而縮肩的模樣，是一種「其貌不揚」，「窮氣十足」的家。「家相秘笈」指出，住在這樣的房子，必定遭到火災，或是耗掉一大筆金錢的惡運，應該避之唯恐不及。

從現代建築學來看，這句話的確道破了「確保建築物安全的大原則」。建築設計中，有一種作業叫做「構造設計」。它是估計落在建築物一切部位的力量、建築物本身的重量、外界施加的力量，然後，設計如何使用建材，如何使之耐得了那些「壓力」的工作。

這是爲了建造安全的建築物絕不可或缺的作業。但是，使用鐵、水泥等均質（物體的成份、性質、密度等都很均等的意思）的建材時，要算出它們的強度，都可以做到分毫不差，如果是木材，由於每一根的條件，各有差別，很容易產生誤差。因此，勢必把這種必有的誤差算在內而採用較有彈性的數值。這種計算方式，直到二十世紀，建築學發達之後，才定了型。

古時候，當然沒有這種計算技巧。建築物的安全性，全憑木匠大爺的經驗而定，所以，構造上顯得太勉强的設計，都盡量棄而不用。

家相學中的很多話，是針對確保建築物的安全性而說。「家相秘笈」中的這句話，算是具有代表性的警語。

凸字型的房子，從構造上而言，是屬於容易毀損的房子。下面就來談談它的理由。

建築物都有一種周期性的「固有振動」。振動的周期是：脊背越高就越長，越低就越短。一幢建築物上面，如果，固有振動長的部份和短的部份，重疊在一起，再加上地震、强風等外來的壓力時，連接的部份就產生反方向的兩種力量，這麼一來，那個部位就有倒塌的可能。

更具體地說，就是二樓部份和一樓部份相接的地方，以及上方的隅角。

灰泥木造的房子，最容易看出這個現象。灰泥木造的房子發生裂痕，通常，都是由於承受了過度的壓力所致。卽使是小小的裂痕，雨水就會滲透而入，底子部份的木材就爲之潮濕，經常發生這種現象之後，木材就腐爛而失去效用。

建築物都由這一類弱點，而漸失耐久力。這個情況就像一個人的肝臟如果壞了，就引起心臟腎臟的衰弱，不多久，就因全身衰弱而一命歸陰。

基於這個緣故，凹凸狀的房子，必須充分使用强度較高的建材，支叉穩固，以便承受得了從橫方向、斜方向來的壓力。

52 土質鬆弛的建地——大凶

・土質鬆軟自行崩塌之地；草木不生之地，皆大凶。風土如灰，塵土飛揚之地；多石不見土之地；天晴而乾，雨後不乾之地，皆凶也。住於其地，衰微必至（「家相大全」）

這句話的意思是說，土質鬆軟、石塊衆多、太乾燥、濕氣太重的建地，都不宜蓋房子。建地的性質叫做地質，包括地基和土質兩種要素。這句家相學中的話，主要是針對土質而發。

先談地基的問題。地基由土地表面上柔軟的新地層，以及堅硬的舊地層而成。鬆軟的地基，地震時會發生周期很長的大震動，使上面的房子、牆壁為之崩潰，甚至使整個房子倒塌。堅硬的地基，由於震動周期很短，對木造建築物不至於構成大害。基於這個緣故，蓋房子最好剷去柔軟的表土（上層土），蓋在堅硬的舊地層上。

表土的厚度，因地而不同，如果表土厚到無法完全剷去，就得把樁子直打到舊地層。如果無法做到這個地步，只好盡量把建築物本身造得堅固。例如，使用強度較高的建材，多用鋼筋等等。

。

如果蓋的是二樓建築物，一樓就要蓋得特別堅固才行。

接著談談土質的問題。土，根據它顆粒之粗、細，可以分爲黏土、沈泥（silt）、沙三種

三種土之中，沈泥近於黏土，所以，通常都大別爲黏土質、沙質兩種。這兩種土質最大的差異，在於能不能讓水滲透到底。

沙土可以把水吸收到下層，黏土卻把水「緊抓不放」。沙地和黏土地各有特徵。沙地的特徵是：

㈠乾得透透。

㈡風一吹就移動，滿地飛揚。地基四周，常被風刮去一大塊。

㈢對冷暖的反應，異常敏感。

黏土地的特徵，正好與沙地相反。

㈠一旦含了水就不容易乾，濕氣至多。

㈡不會因風而飛揚。

㈢容熱量小，不容易受到冷暖的影響。

從這些分析就知道，沙地、黏土地各有長短，所以，正如「家相大全」這句話所說的，只選

沙地或黏土地做爲蓋房子的地方，都不理想。

最理想的建地，應該是黏土和沙混合適中的土地。如果，表土的土質不佳，必須以良質的客土（爲改良土質而摻加的土）頂替，這才是永久之計。

53 隨便埋掉古井——凶

・古井萬勿杜塞，否則耳目必定遭殃（「家相秘笈」）

這句話是警告說，古井即使廢而不用，也莫胡亂埋掉，否則，家人必有耳目之患。

井這個東西，自古被視爲「神聖」之物。有些地方甚至膜拜井神，每年爲井神舉行祭典。把它隨便埋掉，無異與神作對，遭到天譴，乃順理成章之事。

家相學這種觀點，從現代建築學來說，有兩種意義。

㈠地質的問題。

埋了井之後，由於它的地質和四周的地質不同，地基很可能發生下陷的現象。在這個上面蓋房子，就很危險。如果，建築物的地基是在埋了井的土地上，安全性就大受威脅，不能不小心。

(二)埋井的問題。

埋井的時候必須注意一些小節。如果，以垃圾、水泥塊、黏土等來埋掉，必然發生下陷的現象，你就不得不再埋一次。

垃圾之類的東西，含有有機物，在地中更會產生發酵現象。家相學的書，特別提到這一點，說：

「……沙石不可遺留，井中務必清淨……以潔土埋之。瓦石塵芥，取除殆盡，僅以土砂埋之

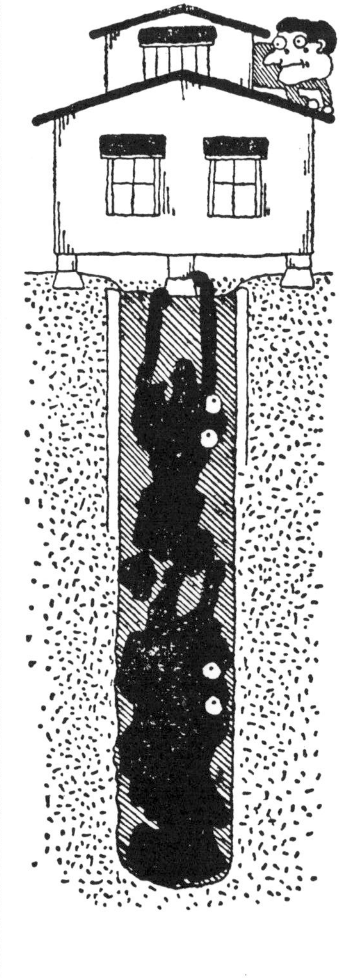

不可隨便埋掉古井

……。」

這句話說得很對，埋井最適當的是沙。把沙和水混在一起灌進去，算是最理想的方法。

沙的强度有兩種性質。

㈠沙層的「地耐力」（對上面來的重量所發揮的耐力），比黏土層還要强。

㈡沙在地震時，一流動就呈現液體狀，變成極不安定的地基。

有一句俗語叫做「沙上樓閣」。蓋在沙地上的建築物，由於地基不穩，有傾覆的可能。這句話就是拿來形容「無法持久」，「無法實現」的事。

但是，井這個東西，由於四周都被黏土層加以鞏固，所以，埋在井中的沙就沒有流失的可能。也就是說，埋井而用沙，只需考慮到沙質的第一個特性發揮了作用，顧慮第二個缺點，大可不必。

54 除盡建地的樹根——吉

•闢樹木繁茂之地建屋時……砍伐樹木，且不留樹根。若有疏忽則好運遲來，辛勞不絕（「家相大全」）

砍除樹木，在上面蓋房子的時候，樹根必須除得一乾二淨。如果留下樹根在地中，卽使蓋的是吉相之屋，住在那裏的人，不但運氣無法亨通，還會辛苦異常。

「家相大全」中的這句話，指出整地的重要性，在現代建築上來說，當然也是一件挺重要的事。

前不久我被邀參加原子爐建廠的「祭地」典禮。當時，主持典禮的神官，首先砍除建地上的雜草，接著由建築公司的老闆，擺出除去草根的動作。

建屋時務必除盡樹根

深。

這表示，古時候蓋房子，一定先把建地上的草木除盡，整地之受重視，由此可見。

原子爐和神官湊在一起，不免使我感到滑稽，但是，對除草、除根的祭神典禮，倒是感受頗深。

地下如果留有樹根之類有機物，它就在裏面發酵或是腐爛，時日一久，就產生洞坑，導致土地下陷，或是成爲白蟻之類害蟲的窩。

整地的時候，不但要把樹根挖乾淨，石頭之類的東西也要除掉。

表土的土質，如果太差，就得摻合客土。這一類的事，都屬於整地作業的範圍。

建地若是屬於塡築地（人造陸地），蓋房子的時候，必須向承建者確認工程的詳情，以防日後遭到莫大的損失。

我曾經特地去看過某個塡築地崩塌的現場。但見土地中夾了很多樹根、小塊水泥，如此粗心大意，難怪土地無法凝結，含了太多水份，以至於崩塌。這個事實，值得想蓋房子的人三思。

55 蓋房子由內而外——吉

・築屋以裏屋爲先，依次建各房，以至於正門爲吉。世人多反其序而建，不吉也（「家相秘笈」）

蓋房子的順序應該是：㈠先造外形。㈡然後是起居室。㈢接著是四周的房間。㈣最後才建造正門、屋子的外圍。有些人卻先建正門、外圍，然後才蓋裏屋，這是不吉利的事。

「家相秘笈」指出，工程的進行必須有效率，要有效率就得依照由內而外的次序去蓋房子。現代建築學的主張也是如此。

時下的工匠、泥水匠無不忙得分身乏術，工錢又那麼貴，說來，這句話的確比「家相秘笈」問世的那個時代，對現代人更富於教訓的意義。

要蓋一幢普通的木造房子，也得動員很多種類的工人，所以，工程計劃必須定得周全，然後，依照計劃進度，逐步工作，否則，在預定的日期就無法遷入新居。

目前住的房子必須早日離開，但是，新居卻還沒落成——這種例子可說是到處一把抓。

穿衣服的時候，我們必須由內衣、內褲而襯衫，總不能先穿外衣才穿襯衫。同理，建築工程也有必須遵守的某些順序。

要是先把房子的正門、外圍先建好，才輪到建屋內的房間，進行工程的時候，就要走過建好的地方去搬運建材，這麼一來，已經完成的部份就容易弄髒，或是遭到大大小小的破壞。

木造住宅的建築工程，大約分爲下列數種：

㈠基礎工程。

這是建造支撐整個建築物基礎部份的作業。基礎工程大致都在地下，以眼睛看不到的佔多數，因此，容易被偷工減料，所以，如要購買預售的房子，必須查明基礎工程是不是做得很徹底。

一般的木造房子，都以水泥奠下基礎。埋在地下的部份，至少要三十公分，地上的部份，至少要二十～三十公分。如果未達這個標準就是偷工減料，房子蓋好後，就有傾倒的危險。地基是不是至少有三十公分，應該挖一挖，量一下，這種愼重其事的態度，絕不可缺。

㈡以柱和樑爲主的骨架作業。

㈢地板工程。

㈣造屋頂。

㈤裝修房子內外（門、拉門、槅扇等）的作業。

㈥設備工程（水電、冷暖氣設備等）。

㈦做窗簾、家具等。

㈧大門、圍牆等工程。

蓋房子都要這樣依序進行。根據工程內容，種類不同的專家要按時作業。工程進度安排得有條不紊，作業就又快又順利，花費也不會超出預算。

56 改建房子的一部分——凶

• 保留後門、厨房之原狀，連同屋頂改建裏屋各房，是爲凶……家業必衰，子孫必絕（「家相秘笈」）

房子的某一部份，保留原狀，只改建另一部份——這種作法，將使一家的生意，逐日不振，或是難有子嗣。子孫早死，代代以養子繼承，到頭來就絕滅。

家相學的觀點是：一幢房子當中，新舊夾存，是一件有違自然的事。異質的東西並存於屋內，可能是這個原因，才有了「代代由養子繼承」的想法。

這句話也是現代建築必須遵守的原則。理由有三：

㈠建築物的生命問題。

只改造某一部份的房子，壽命必短。這個道理，簡單至極。舊的建材和新的建材，它們的耐久力和強度，當然差了一大截。

當强度高的建材和强度弱的建材，搭配在一起，全體的强度就決定於强度弱的建材。

這個道理，與登山隊的力量決定於最弱的隊員是一樣的。由於這個緣故，任你把新的部份做得如何堅固，房子全體的壽命，並不因它而延長多少。

毋寧是說，舊的部份反而有了格外的負擔，使房子的壽命爲之縮短。

㈡費用的問題。

改建工程的花費，絕不是幾個子兒的錢就可了事的。改建所需的時間，比新建同一面積的地方所需者爲多，建材浪費的情況也特別顯著。

㈢外表的問題。

房子的外觀，隨著歲月而有變化。這個道理，與人的年歲一大，容貌、體格都會變化是一樣的。

在舊房子，添加新的部份，新舊並存，必然產生不均衡，外觀也好，內部也好，都會失去統一性的美。

如果認爲能住就好那就罷了，要是想住得舒適，或承認房子是一個家庭的象徵，實在有必要顧到美觀與否的問題。

從以上的分析就知道，如果房子失修已久，毀損的部份亦復不少，有必要改建衆多地方，那就不如檢討一下，是不是應該全部改建來得好。

有時候，全部改建的費用，與部份改建相差不了多少，換句話說，改建的花費相當驚人，這是一般人忽略的事。

如果非改建不可，就要注意下列各項：

㈠舊的部份和新的部份連接之處，必須特別加强，使强度的差別，減到最低限度。

㈡外觀和內部的裝飾要考慮到不使之產生「格格不入」的感覺。

這些道理，不但是改建，對增建之時，一樣也適用。這一點，將在下一項做詳細的說明。

57 增建二樓——大凶

•保留原有之一切，以切接之法增建二樓，是爲大凶（「家相秘笈」）

在原有的平房上，補以新柱，增建二樓，就會產生極不好的家相。平房上增建二樓，工匠們也視爲畏途。

以改建爲凶的理由（房子的壽命短、不經濟、損壞美觀），與增建之不能隨便，道理是一樣的。

尤其是有關房子的壽命，增建在這方面的危險性，比改建有過之而無不及。理由有二：

㈠二樓的柱帶來的問題。

增建二樓的時候，必須在一樓原先的柱上面，接上新柱，這個地方的接口，任你動什麼腦筋，也無法做得異常堅固。

地震一來，這種房子最容易傾塌。颱風一來，也是如此。細察它之所以傾塌，原因無不都是爲了「接口不堅」（從接口部份折斷）。

㈡一樓的柱帶來的問題。

通常，一樓的柱要支撐二樓的重量，都顯得「弱不禁風」。蓋一樓的時候，沒有顧到日後蓋二樓的可能，所以，支柱的力量，只夠支撐一樓，柱的大小，堅固程度當然是以只蓋一樓爲標準。

如今，要增建二樓，問題就來了。這時候，一樓的柱，必須支撐「二樓加上屋頂的重量」。建築法裏面也針對這一點，特別規定二樓建築物的一樓，支柱必須有法定的大小。

從這些分析就知道，平房上增建二樓，會帶來很大的危險性，所以，增建的時候務必請教專家，採取適合那個房子構造的對策。

以時下地價和建築費的高漲，難免使人想到，先蓋個足夠一家人住的房子再說。有這樣的計劃時，奉勸各位，事先就要顧到將來的生活計劃，家人增加的情況，擬定一個增建計劃在內的「平面計劃」。

關於增建的方式，可以考慮三種：

㈠往平面的方向伸展。

㈡往高度的方向伸展。

㈢往平面，高度的方向伸展。

從構造上來說，採用㈠的平面方向伸展的方式，最為理想。㈡的方式（在原有的一樓上面增建二樓），能免則免。如果建地有限，還是非增建二樓不可，這時候，一樓就應該事先把它建造得「力足以撐住二樓」。

與㈡相比，㈢的增建方式就比較可行。也就是說，先把一樓擴大，需要新建的部份就挪到二樓，這麼做，一樓承擔二樓的強度，就沒什麼問題。

建築家受託做住宅設計的時候，都要聽聽委託者對將來的計劃、希望、意見。任何細節或是抽象的希望，經過建築家的思考，就會變爲事實。這是建築家的任務。蓋房子的時候，請別忘了找上他們。

58 兩棟房子合爲一棟——大凶

・合二爲一之屋，大凶也……家業日漸衰微，以至於傾家，家名斷絕亦有可能……切斷連接二屋之支柱，必有死亡之災（「家相秘笈」）

把緊鄰的兩個房子打通，合爲一家，就會帶來家運衰落的結果。尤其是把二屋隔開的柱去除，就有喪身之禍。根據家相學的說法，這是大凶的家相。

從現代建築學的觀點來看，這句話應該解釋爲：平面計劃做得不好，就會造成「只見其大，但使用起來頗不方便」的結果。

通常，面積增加二倍的房子，使用起來，它的方便性也該增加爲二倍，因爲，面積既增，房間的配置就顯得很有選擇性。

把兩棟房子打通，合爲一棟，面積雖然增加二倍，方便性卻不會增爲二倍。理由有二：

㈠機能上的重疊。

二屋合爲一屋，會使人有累贅感

例如，則所、廚房、浴室各有二處，在機能上發生重疊的現象。這個麻煩，比想像中還大。

以廚房來說，當然不需要兩間廚房，另一間無用的廚房就改成其他用途的房間。可是，問題馬上來了，剩下的那個廚房，原就是爲小規模的家而設計的，實在不適於做「擴大之後」的家。

再以則所爲例。則所有二處，乍看好像很方便，但是，彼此都在毫無關聯的位置，使用起來並不會令人感到那麼方便，有時候，甚至令人感到那是一種累贅。

要把這樣的房子，弄成與它的寬度相稱，用來方便的家，就得將絕大部份的房間，重新調整。卽使不如此，至少也要做相當的改造。

這麼一來，還是要花費不少錢。正如前面說過的，說不定支出的錢，與全部改造所花的差不了多少。這種作業很麻煩，你肯付錢，工匠可不一定要賺你這個錢呢。

59 賊風侵入的房子——凶

・屋中有賊風，當爲惡夢而苦（「洛地準則」）

賊風就是從門縫吹進來的風。家有賊風侵入，家人就常爲疾病或惡夢而苦。

這個話說得很有道理，以現代來說，賊風侵入的家，一定是廉價屋，或是老朽不堪用的破房子。

賊風之爲害，當以冬季爲最。屋子內外的溫度相差越大，賊風就越容易吹進。如果門縫不只一處，那就更不得了。賊風越多，室內的暖度也被奪走得越多。難怪把這種風稱爲「賊風」了。

房子之所以有門縫，是由於窗戶和其他開口部位貼合不密所致。尤其是木製的門、拉門、因暖氣而翹曲，產生歪斜的現象，開或關的時候就變得不順。

又，牆壁因乾燥過度，與支柱分離，也會發生間隙。蓋房子的時候，如果未注意及此，常有這種現象。

時下有多種金屬門問市，一般說來，性能相當好，關不密的情形不復再有。它的特徵還有：氣密性高，也能隔音。

市面最普及的是鋁製品。價格低廉，安裝也方便。鐵製品也出現得很多，它的特徵是：有耐久性、耐火性、隔音性，但也有缺點。例如：太重，容易生銹，管理上很麻煩。

木製品的歷史算是最久遠的，它的長處是：重量輕，加工容易，觸覺不錯。缺點是：一乾燥就翹曲（容易造成縫隙，隔音效果很差。）

又，天花板有縫隙，也會引來賊風，蓋房子的時候，應該注意到。最近流行的合板，是很理想的天花板材料，價格並不高，值得採用。

第五章 從建材斷吉凶

60 裝飾過度的房子——凶

・住宅華美過度，是爲凶。簡潔、清爽，是爲吉（「家相秘笈」）

過於華美的房子，具有凶相；清潔、均齊的房子，具有吉相。這是蓋任何建築物應遵守的基本原則。「家相秘笈」中的這句話，對目前盛行的華美裝飾，無異痛下砭針。

人住的房子，是一種窩，它的意義，與衣服相似。從房子可以看出一個人的嗜好，它也是一個人身份的象徵。

家相學很受重視的古代，有什麼身份就住什麼房子，絕不敢稍有踰越。以武士來說，領祿多少，住的房子就有一定的大小和形式。士、農、工、商中的工、商（工人、商人），就不准他們住在有圍牆的家，也就是說，各守身份，安於本份。由於這個緣故，不按身份住在太華美、規模太宏偉的房子，就被視爲違反自然之理，所以，將它當做凶相。

家相學的專書上有一段這樣的記載：

「陰氣充溢之家，必定衰亡；陽氣充溢之家，必定興隆，此即所謂富可潤屋也。唯陽氣亦有類別，主人喜華美，驕奢逾度，實非陽氣，此即所謂强弩末勢，陽中含陰，乃衰亡之源也。」（洛地準則）

這個意思是說，屋中充滿陽氣，可以帶來繁榮，但是，華美、奢侈並不是陽氣，那就像蠟燭即將燃盡的時候，突然大亮一樣，是衰亡的開始。

此後，對房子應該有怎樣的看法？建築物之一的家，它有很多層面——從工學上看的層面，從家庭、家族、環境等關係看的社會學上的層面，甚至從更廣義的人文科學上看的層面。

從工學上來說，它已經有了神速的進步。在南極大陸，或是風速五十公尺的富士山頂，也有辦法蓋出使人住得比公害充溢的東京市還要舒適的家。

工學技術已經進步到這個程度。只要有人願意，現在就可以在月球上蓋個舒適的家。

工學技術雖然進步到這個程度，我們目前的住宅環境卻毫無進步。詩人「千利休」如是說：「房子只要不漏雨，三餐只要不挨餓就該滿足了。」

我們對住宅知足的程度，似乎與這觀念差不到哪裏。目前，人們對「住」的不滿，產生於無法把瞬息萬變的生活方式，悉數搬到住宅中。

蓋好的房子，不可能隨便更動，而生活卻不斷地變化，現實的「差距」就成了人們對「住」

發生不滿的原因。如何解決這個問題，可說是建築家的責任，也是人文科學、自然科學面臨的重要課題。

61 使用「陽木」蓋成的房子——吉

•櫸木、樟木、栗樹、楝樹、槐樹爲陰木，以此爲建材，是爲不吉。柏樹、松樹、杉樹、栂樹爲陽木，以此爲建材，是爲吉（「家相秘笈」）

杉樹、松樹、柏樹等樹叫做陽木，使用陽木蓋房子是可以的，使用槐樹、栗樹等陰木蓋房子，則萬萬不可。

「家相秘笈」中的這句話，有兩層意義。

㈠陽木就是材質軟（軟材）的樹木，適合於蓋房子。陰木就是「硬木」（材質很硬），以它們爲建材，實在不容易作業，而且乾燥時翹曲得厲害。這一點，在現代建築上也無例外。

㈡這句話在教訓我們：蓋房子要使用一般用慣的木材，不要使用很少看過的木材。木材不是均質的東西，每一棵樹的成長條件不同，所以，無法用極正確的數字表現出來。

杉、松、柏等樹木，屬於良性的樹木，材質不均的情形不太多，而且，它們都是自古用慣的，安全度如何，已經有歷史可以印證，所以，大可放心使用。

其他樹木不適於做建材，也被印證過，如果明知故用，那就違反自然之理，因此，「家相秘笈」認爲這是很不妥的事。

家相學注重安全性的觀點，也適用於目前流行的新建材。對新建材，我們必須注意兩點：

㈠安全性的問題。

新建材以輕便、雅觀爲號召，但是，老實說，在安全性方面有待改善的地方頗多。用高分子化合物製造的建材或纖維成品，碰到高溫就引起化學作用，產生有毒瓦斯，或是大量的煙，招來嚴重的危險。

這些瓦斯之中，很多是引火性很强的，一碰到可燃物，瞬息之間就引起火來，使四周陷入一片火海。

㈡效用的問題。

新建材的效用到底可靠到什麼程度，老實說，不經過數年歲月，充分實驗過，誰也不敢下斷語。

因爲，新建材的性質，仍然有未知的部份。我身爲建築家，卻對很多新建材的性質，所知不多。到底如何使用，有時候也摸不著頭腦。

這些新建材，可以用幾年？此類耐久力的實驗，據我所知，還不十分周全，所以，選用新建材，別只貪其新，貪其輕便，貪其價廉，最好選擇那些已被公認的「絕對安全」的建材。

62 很厚的榻榻米——吉

・榻榻米以沈厚、平坦、無隙爲吉（「家相秘笈」）

這句話的意思是說，舖在房間的榻榻米，要具備㈠厚。㈡沒有歪斜。㈢沒有翹曲。㈣平坦。㈤舖得密不通風等條件。

現代的榻榻米，當然也適用這個原則。這句話包括了榻榻米的材質、舖的方式兩種意義。

榻榻米的厚度如果不夠，就產生兩種弊害：

㈠失去隔熱性，冬天一到，就從底下冷氣直冒。

㈡缺乏耐久力，容易歪斜或毀損。

榻榻米比其他舖在地板上的材料，更有隔熱性、柔軟性、彈性。

有隔熱性就對房間產生夏涼、冬暖的效用。又，具備適度的柔軟性和彈性，坐或走在上面，就給人舒適無比的觸覺。

上乘的榻榻米，使用的一定是乾透的稻草，份量也多，選擇榻榻米的要領是：

㈠不宜太薄。

㈡雖然很厚，如果從上面一壓，有軟綿綿的感覺，就是品質不佳，不宜購買。

㈢以機械縫邊的榻榻米，不出半年就面目全非。

鋪在房間的榻榻米如果太薄，夏天就潮濕，冬天就寒氣襲人，對身體有害，應該特別留意。

63 屋瓦歪斜的房子——凶

・屋瓦以沈穩為佳，若有歪斜，病患不絕（「家相秘笈」）

屋瓦鬆懈而發生歪歪斜斜的現象，家裏必有病人，務必小心。

屋頂不牢，可做為那個住宅區會不會成為陋街（Slum）的一種大致的標準。

住宅區成為陋街的原因是：

㈠住的人無意修理住宅。

㈡人口密度愈來愈高。一百公尺四方的土地上，住有五百人以上，就可以稱爲陋街（住在高樓大廈者不算，以平房爲準）。

㈢居民的勞動意願，大爲減退。

屋頂是住宅最顯眼的地方，這個部份壞了，也任其壞下去，表示住的人對房子的其他部份也無意修理，這就符合了「陋街化」的第一個條件。

前面介紹過的「千利休」說的話：「屋子不漏雨就已足夠」，是住宅條件的最低限度，也就是所謂「市民生活最低標準」（Civil minimum）。

這是不分古今的標準，不，毋寧是說，在現代顯得更重要了。因爲，近來的建築物，有漏雨現象者越來越多。這並不是說，雨下得比古時候多，而是說，現代人越來越把屋頂造得簡陋了。

屋頂必備的要素有六：㈠耐水性。㈡耐久性。㈢耐熱性。㈣美觀。㈤輕。㈥費用不高。

說到屋頂的建材，種類可多了，有甎瓦、鋼板、鋁板、銅板、鐵板、石板瓦、石棉瓦……等等。

建築法規定大都市的屋頂，必須使用不燃性的建材，也禁止使用植物性的建材。

甎瓦是一般人最熟悉的屋頂建材。耐水性、耐熱性都很高，季節帶來的溫度差別，對它也沒有什麼影響。

鋼板、鋁板、銅板絕不吸水，又能做成很大的一塊板，因此，不必連接就可以成爲屋頂，它們的耐水性可眞是沒話可說。重量輕也是特點之一。

它們的缺點是：熱容量太低，隔熱保溫也不太理想，所以，夏熱冬冷。另外，容易傳播聲音，夏天受到日照溫度就高達一百度。

補救這些缺點，就得在屋頂下方舖一層纖維材料，或是隔熱材料，以便防暑、防寒。

64 門柱歪斜——凶

・大門兩側之柱，若有歪斜，病難必多（「家相秘笈」）

大門設在圍牆的出入口，具有聯絡建地、建築物、外界三者的功用。古時候，大門或圍牆是一家之主身份、地位的象徵，門面攸關的門柱，如有歪斜的現象，與主人的威嚴大有關係，所以，才產生了這句警言。

另一個理由是，門柱必須筆直而堅固。古時候，住家的門柱，就像寺廟的門那樣，由三個部分形成：

㈠門柱上有屋頂。
㈡門柱之間還有厚重的門扉。
㈢門柱本身。
由於這個緣故，門柱必須承受得了那些重量，也要堅固到門扉可以關得嚴緊。兩根門柱的任何一根，都不能有中途接合的現象，它必須由整根木材做成。「家相秘笈」中的這句話，當然也通用於現代建築。門柱是從外面看房子的時候，位於正中的位置，如果它有歪斜的現象，就損壞了整個房子的美觀。
時至今日，房子的門柱，不再有往昔那種屋頂，沒有門扉的亦復不少，甚至單純到無門柱，只有圍牆的變化可說是很大了。

第六章 從設備斷吉凶

65 門大屋小——凶

•門戶其大無比，家宅則奇小，是爲凶（「家相秘笈」）

只把門做得很大，裏面的房子相比之下顯得很小——把這種房子斷爲具有凶相，理由有二：

㈠身份的問題。

警告當時的人，不能建造與身份不相稱的大門。門和圍牆，是二而一，一而二的東西。圍牆的形式，在當時是法有明定，絕不能踰越自己的身份，門，當然也要遵守這個規定，不能做得太大，太好看。如果破了這個禁例，在封建時代，說不定就會招來殺身之禍，當然要列爲凶相了。

㈡比例和配合的問題。

門是房子的附屬物，要是門比房子還大，等於是「喧賓奪主」，大大損壞了整個房子的美觀。這一點，與現代建築的原則是不謀而合的。

我常常受朋友之託，去看先建後售的房子，看多了就發現一件有趣的事。

在工程上有偸工減料現象的房子，毫無例外地，大門和玄關都造得很漂亮，使我禁不住苦笑

門大屋小很不相稱

一聲。

大門和玄關等於是房子的臉，建得漂亮是應該的，但是，房子和它相比，差了一大截，這就不可原諒了。奉勸各位，買房子的時候，如果大門和玄關特別漂亮，務必睜大眼睛，詳看房子本身是不是也有那種標準。

古時候的大門，種類頗多，尤其是有身份、有地位的人所住的房子，它的大門可眞是威儀十足，令一般人望之卻步。

那種大門，通常在上面還建了漂亮的屋頂，有些大門，甚至大到可以做爲一般平民的一棟房子。

隨著時代的變遷，大門不再扮演防備敵人來襲的角色，於是乎，裝飾性的意義就益發地濃厚了。

到了講人人平等的民主時代，大門也不再受身份、地位的限制，裝飾爲主的傾向就變本加厲，有些人就拿它做爲誇耀地位、財富的手段了。

由於建地愈來愈小，加上西式設計的大量引進，一般大門的外形日見簡化，高度也有愈來愈低的趨勢。卽使有門扉的設備，也只顧到耐久性和實用性（開閉容易）了。

66 房子西南方有排水設備——大凶

・雨水、家用之水，向東北、西南方排出，是爲大凶（「家相秘笈」）

這句話的意思是說，勿將雨水或是在厨房、浴室使用過的水，向東北、西南方排出。東北方就是「鬼門」，西南方就是鬼門正後方，都是忌避汚穢的方位，因而產生了這個戒律。

從現代建築的立場來看，勿向東北方排水的事，並沒有什麼意義，但是，勿向西南方排水，倒指出了設備上的重要原則，值得一談。

向西南方排水，應該懸爲禁例，理由有二：

㈠土地高低的問題。

一般說來，蓋房子的時候，爲了日照情況良好，應該選在西、北方高，東、南方低的土地——這是最好的位置。

若以這個條件爲前提來想，排水管當然要在比較高的位置——西北方，也就是說，將它設在靠近厨房、浴室的西北方，最爲理想。

㈡衞生上的問題。

西南方這個方向，一年到頭都有西照，除非有相當完善的排水設備，汚水和不乾淨的東西，就容易腐壞，散發出惡臭。

排水設備可以分成三大類：

㈠排出從厨房、浴室裏流出的雜水排水設備。

㈡排出從沖水馬桶流出的汚水排水設備。

㈢排出從雨水管流出的雨水排水設備。

這三種排水設備中，最容易成問題的是雜水排水設備和汚水排水設備。使這兩種水能夠順利流到下水道的排水設備，一般說來，只有都市中的房子，尚稱良好。

例如，在人口密集的社區住宅，使用的是大規模的淨化槽，藉此淨化污水。這在一般家庭是辦不到的。

不少家庭，在污水的排水方面，仍然沿用舊日的方法。那個方法就是，在庭院挖個約莫一·五公尺四方，深度約莫二公尺的下水池，然後，埋設排水管，將污水引進那裏，使那些污水自然而然被土地吸進。

這個方法，說來，實在不乾淨，同時，與污水接觸的土地表面，不出多久就結了油膜或中性洗衣劑的膜，土地粒子之間也被髒物塞住，使得污水無法給吸進土地中。

碰到這個情況，就要在污水池中插入竹管，或是重新挖個污水池。

就算有了這些應變措施，過不了多久，毛病重現，你還得爲它傷一陣腦筋，實在不方便到了家。

在東京等大都市，都禁止使用這種污水池的方法來排水，但是，以廉價號召的先建後售的房子，不少是採用這個方式排出污水，把正當的排水設備省了下來，所以，要買先建後售（或是預售）的房子，對這方面就要多多注意，以免住進去後才發覺，那就太慢了。

沒有下水道，至少也要有邊溝，否則，屋子裏的水就無法排出去。買土地或是房子，都要看看前面有沒有邊溝，如果沒有，就得確定一下是不是有設置的計劃。這是與日後的居住環境大有關係的事，千萬不能掉以輕心。

67 宅地中積了下水——凶

・汚水積於宅地，是爲凶（「家相秘笈」）

汚水、雜水等的排水情況欠佳，使這些水無法流到屋外，而積留於建地內，形成水窪，這是一件挺不好的事，非避免不可。

產生這句話的背景，就是前一項所說過的「汚水池排水法」。而，禁止有此現象的具體理由是：

㈠井水會受到汚染。
㈡房子的地基會受到侵蝕。
㈢不衞生。

汚水池這個玩意，在前面已經說過，是爲了排水而在庭院中挖了洞坑，將廚房、浴室用過的水，以下水管引進其中，使之自然滲入土地中——說來，就是一種自然排水用的「水窪」。

下水道的設備，即使是小城市、小鎮，也都日見完備，但是，一些位於市郊的新興住宅區，或是農村，仍然有使用這個方式排水的。

我們來談談它所帶來的害處。

㈠井水受到污染的問題。

當污水池中積了很多污水，土地中自然排水的負擔就相對地增加。

有時候，污水甚至溢出了污水池，從污水池以外的地方滲透到土地中。

如此一來，有些地層就無法把污水完全「過濾」，於是，污水就融入地下水之中。

利用污水池排水的地方，上水道（自來水管系統）八成也不怎麽完善，因此，很多是使用井水的。

融入地下水中的污水，就這樣成爲井水的一部份，給汲上來飲用。這不是不乾淨到家的「惡性循環」嗎？

㈡房子的地基受到侵蝕的問題。

當污水從污水池中溢出，庭院也好，屋子四周也好，就發生污水「四竄」的現象。

要是下了雨，污水池中的污水，就像河水那樣，流向地板下面和圍牆牆根。

如此一來，整個地基就遭到污水的侵蝕。這些流出的污水，如果任其積留，每到雨天，就加速了地基的損壞。要是想，只不過是下水的玩意，有什麼大不了？你將有悔恨莫及的一天。

㈢不衞生的問題。

這是不用贅言亦能了解的事。我有一個朋友，買了郊外先建後售的一棟房子，從市內的公寓搬到那裏。

他住進新家約莫一星期後，下了大雨，當天我就接到他的一通電話。他說，這個房子，下水設備不完善，採用汚水池排水的方法，由於下大雨，汚水四溢，搞得不知如何是好。

我告訴他，等到天氣放晴，立刻從汚水池闢一道水路，引向外面的路。

害得雨過天晴之後，我這位朋友，就得在陽光普照的日子，穿了長筒雨鞋，冒著大汗，爲清除庭院和造水路，忙了一個上午。

68 房子西南方設垃圾場——凶

•於住宅內東北、西南方，聚集穢物，萬萬不可（「家相秘笈」）

這句話的意思是說，不要在房子的東北、西南兩個角落設置垃圾場。兩個方位中的西南方，從衞生上來看，的確不該設置垃圾場，在現代建築上，這也是必須遵守的一個原則。

我們來想想，垃圾場設在西南方，到底有什麼缺點？第一點是容易因腐敗而產生蒼蠅、小蟲群飛的現象。第二點是臭味會飄進屋子裏。第三點是如果有庭園，造園上會發生一些問題。

㈠由腐敗而來的問題。

西南方就是位於「鬼門」正後方，古人對這個方位有所忌諱，是可以想像的。但是，只以這個爲理由，在科學昌明的現代，當然說不通。

以西南方做爲垃圾場之所以不可，是因爲這個方位一年到頭都有日照的緣故。

就以厨房中的髒物來說，只要夕陽一照，溫度就上升，而且腐化得快，蒼蠅、小蟲立刻到處嗡嗡地飛。

蒼蠅這個東西，不分季節，喜歡在腐敗物四周飛來飛去，不但令人厭煩，也會到處撒播病原菌，實在有必要小心。

東京市的大垃圾場，設於東京灣，當局打算用垃圾來塡築海岸，這個大垃圾場，正好位於東京市的西南方，所以，有一陣子，蒼蠅大量聚集，西南風一吹，牠們就乘風而襲擊東京市。這件事曾經造成市民的牢騷。

㈡臭味的問題。

惡臭之發生，與腐敗有表裏的關係。西南風一吹，垃圾腐化的惡臭就侵入屋內。蒼蠅和惡臭的「波浪式攻擊」之下，你如何舒適地生活？

㈢造園上的問題。

西南方在家相學上，是造園上的「樞要之地」。一般的房子，爲了陽光充足，通常都朝南而建，因此，若要造園，一定要在建地南方，騰出空間。

如此一來，玄關就在東邊，設在西南方的庭園就有「窮目而望」之效。

如果，把這樣一個造園上「樞要之地」，有了垃圾場，極目一望，就看到髒兮兮的垃圾堆，豈不是大殺風景？生活中的風趣，一下子就煙消雲散，你說，這不是太沒意思了？

由以上的分析就知道，西南方設垃圾場，實在有該忌避的充分理由。垃圾場之設置應該顧到這些因素，最好位於北方，才不會惹來這麼多問題。

69 水的味道極佳——吉

• 水以芳香爲貴，若味酸而苦，是爲不吉。淸純之水，人所喜愛，汚濁之水，人所厭忌。冬季之水以溫暖爲佳，夏季之水，以淸涼爲佳（「洛地準則」）

可口之水，是爲吉；有酸、苦的味道，卽爲不吉。淸純的水，令人神淸氣爽，自然大受歡迎；汚濁的水，令人敬謝不敏。冬天的水，以溫暖爲宜；夏天的水，以冷凍爲宜。

古人重視水的原因有二：

㈠「水能育人」的思想。

有一句話叫做「山淸水秀」，古人相信在這種環境下成長的人，將來必有成就，這就是所謂「山水育人」的思想。尤其是水，在古人的想法中扮演了比較重要的角色。有品質良好的水的地方，會產生傑出的人物，水質不佳的地方，只會產生「依人碌碌」的庸才——這就是他們的信念。

㈡實用的問題。

水之爲用，有兩種重要性。第一：它是人類不可缺少的飮用水。第二：農業的中心是稻作，稻作需要大量的水，兩者的關係至爲重要。

「洛地準則」中的這句話，就是根據這些道理成立的。尤其是飮用水，在現代來說，它的重要性只增無減。

良好的飮用水必須具備五個條件：

㈠不含病原菌、有毒物質等爲害人類的東西。

㈡無色、清純、透明。

㈢水質近於中性。

㈣沒有臭味。

㈤不夾雜髒的東西。

成長在水質良好的環境，應該值得慶幸。在法國，小孩也會喝葡萄酒，這不是因爲法國小孩嗜酒，而是法國缺乏良好的水，被逼而不得不如此。

在現代，以井水做飲用水的情況，仍然存在。那些新開發的住宅區，如果沒有上水道，就會掘井汲水，有些是爲了防備乾旱而掘井，併用上水道和井。

掘井的時候，選定位置就要注意到衞生上的問題。

井的位置必須與污染之源（例如，厠所、下水）隔一段距離。

距離的標準有兩種：

㈠水面露在地上的開放型的井，至少要保持五公尺左右的距離。

㈡井水與地面遮斷的密閉型的井，至少要保持一．八公尺左右的距離。

如果以井水爲飲用水，必須定期接受水質檢查。有關這方面的檢查，可以商請各地衞生單位。

發現井水不合乎飲用水的標準，就要根據水質的現狀，採取改善措施。例如，裝設過濾雜質的過濾器，含有過多的鐵份，就要裝設除鐵器等等。又，使用藥品來消毒、滅菌，也有必要。這是使水污染的條件愈來愈多的時代，水質的管理，必須愼重再愼重，一點也馬虎不得。

70 井、竈並列——凶

・井在爐竈之旁，虛耗必多，是爲凶（「家相一覽」）

井和爐竈緊鄰，是必須避免的一件事。之所以有這個說法，理由有三：

(一)占卜上的思想。

古人認爲，井水屬陰，爐竈是與火有關，所以，屬於陽。陰與陽相鄰，造成對立的形勢，是一件不合乎常情的現象，因此認爲不吉。

(二)黑烟子和油煙的問題。

古代的爐竈以柴薪、樹枝等做爲燃料，因此，燒起火來就發出黑烟子或是油煙。

又，當時的井不像現在這樣設有井蓋，所以，竈、井太靠近，黑煙子或油煙就竄入井中，污染了井中的水，使井水不適於飲用。

㈢衞生上的問題。

爐竈通常都設在厨房的某個角落。厨房的排水系統當然也在附近，也就是說，排水系統和井很近，衞生上就不太好，這是想當然的事。

當時的家相學，有關井的戒律相當多。例如：

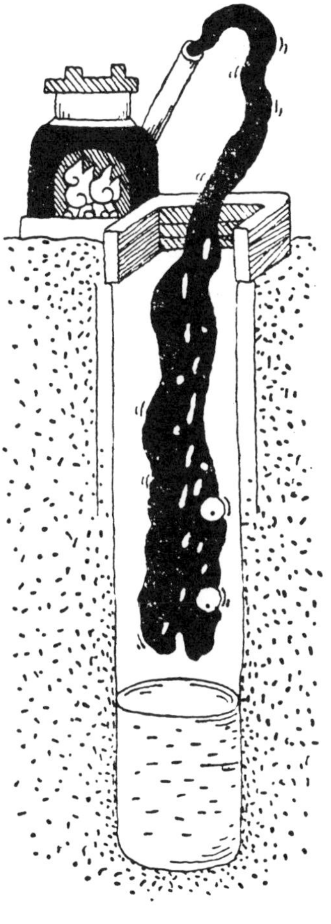

避免井、竈並列

㈠井在房子前面，是爲不吉。

㈡井在房子的正東方、正西方、正南方、正北方，是爲不吉。

這些理由在易經上似乎都有根據，所以，每一條戒律，無不說得特別詳細，因爲，正如前面說過的，水是人類生活上非常重要的「必須物」，古人當然對它格外重視，難怪忌避它的汚濁不堪用了。

事實上，掘井本來就是頗費氣力的作業，一旦掘成就無法隨便更動。「家相一覽」有鑑於此，才教古人掘井時務必注意到：

㈠不要掘在有礙家人活動的地方。

㈡不要離厨房太近或太遠。

㈢要考慮到衞生上的問題。

這些條件，在現代也無不通用。如今，井水之汲取，已有電動抽水機代勞，還可以用水管使它直接流到厨房，卽使離厨房稍遠，也不至於有挑水奔波之苦，衞生問題也可以兼顧呢。

71 爐有三處或五處點火口——凶

・點火口之數，以三、五、七爲吉，一、二、六、九爲大凶（「家相大全」）

點火口就是烹調用的熱源（火源）。以古代來說就是爐竈，以現代來說就是瓦斯爐爲主，另有烤爐、電爐等等。

這種點火口，如有三處、五處、七處就是吉利，若是一處、二處、六處、九處就是不吉利。

這種與數字有關的吉凶之判斷，是把爐竈的「火」的性質，和數字配合，從占卜學上加以判斷的。

從使用的功能上來說，這是一句抓住了要點的話，在現代廚房的設計上，也十分通用。

假設，點火口只有一處，不管是煮飯、炒菜、燒開水都要靠一個熱源來處理，當然費時頗多，不把家庭主婦搞得頭昏腦脹才怪。

二處熱源可說是一種最低限度的數字，在大家族主義盛行的古代，應該是不夠用。

不過，把火口增加得太多，不但造成浪費，整理上也夠瞧的，所以，標準的火口數字，就定爲三～五處。

以現代的厨房來說，有三～五處熱源，爲烹調所費的時間就不會太多，當然稱便，這已經是大家公認的事。如果，把厨房的空間，以及一個人可以管理的數目也考慮在內，三～五處點火口可說是最適當的數字。

電爐、瓦斯爐、烤爐各一個，焙燒爐（Roaster）兩個——這樣的設備，應該是最標準的。

隨著時代的進步，厨房設備也以嶄新的姿態出現。同時，過分重視這些設備的結果，也產生了很多「神話」。有關厨房的流理台的排法，就是其中的一種。

I型、U型、L型……爲了這幾種排法的適當與否，不少專家不斷大辯特辯，互不相讓。這個現象，至今未消，連家政學的教科書上，也各有所見，諸說不一。

其實，只把議論的重點放在流理台的排列法，並沒有太大的意義。要使厨房的位置、形狀、大小與整個房子發生關係，才能決定方便與否。這就難怪U型、L型的論爭，不會產生衆所信服的結論了。

厨房的作業台，由洗物台、調理台、烹調台三個部份組成，所謂「三套齊全，主婦稱心」的話，就是由此而來。

這三套東西的排法，應該根據烹調的次序而定，才會發揮最高效率，使用起來也方便。換句話說，依照洗、切、煮的烹調次序排列最爲理想。根據這個道理，就該依照洗物台、調理台、烹調台的次序，有條不紊地排下來。

依據工學上的研究，作業台的排列，以面向作業台，由右向左排出調理台——→洗物台——→調理台——→烹調台——→調理台，工作起來最有效率。

只要根據這個原則，把家裏的厨房，整理成自己喜愛的作業方式就對了。

洗物台的高度，一般來說是約莫八十公分，也許，有人覺得太低，那就不妨配合身高，自行調整。

72 天窗開在西南方——大凶

・天窗設於東北、西南，是爲大凶（「家相秘笈」）

在屬於「鬼門」的東北方，以及屬於鬼門正後方的西南方設置天窗，是大凶之相。

西南方設天窗，就有過分明亮的缺點，夏天，也因而使室內悶熱不堪，說它是大凶，的確有科學根據。

天窗之設，是由於四周都是房間，對外沒有開口部份，爲了採光而產生這種設計。照明用具不發達的古代，爲了避免在白天就使用高價的油或蠟燭，才動了腦筋，以開天窗的方式使房間變得光亮。

天窗的缺點是：

㈠漏雨的可能性很高。

㈡夏天受到陽光的直射，室內的溫度就大大上升。

朝著西南方的天窗，在盛夏之日，從正面受到一天當中最熱的日光，室內的燠熱，可想而知，基於這個道理，所以被判爲「大凶」。

從這個分析就知道，要設天窗就得選個陽光不會直射的位置。

白天的光有兩種，一爲直射光，另一爲天空來的光。烏雲密佈的日子，四周還是亮亮地，就是天空來的光所致。

要採光（打算使室內光亮而設法取得陽光）就得避免直射的日光，以天空來的光爲主才好。這麼做，室內的亮度，就與在室內可以看到的天空的範圍成比的亮度。

如果窗的大小是一定的，中途越沒有東西阻礙，室內就越亮，從這一點來說，天窗的效用實在很大。

以現代來說，如果與鄰家太緊接，無法設邊窗時，或是在廚房、浴室設個天窗，就相當方便。

尤其是浴室中設天窗，可以發揮驅散熱氣的作用，可說是至爲稱便。

天窗的構造有兩種：

㈠關閉型：可以用繩子從下面拉或關。

㈡密閉型：密不通風，絕不漏雨的型類。

兩種天窗的玻璃，都該使用硬度較高的，以防輕易破裂。又，爲了防止漏雨，窗框的接合部位，作工必須特別細心。

起居室通常是不設天窗的，但是，近來由於設計上的進步，也有不少住宅競相設置。以採光爲主的窗，除了天窗以外，還有一種「高窗」。高窗就是在大人站立時，高於眼睛設立的窗。從通風和日照上說，功用低於一般較低的窗，但是，仍有不能忽視的四個優點：

㈠不斷供給室內一定的亮度。

㈡那種亮度並不刺眼，給人安寧的感覺。

㈢牆面可以得到有效的運用。

㈣夏天可以使室內產生上下流動的氣流。在一、二樓是中空的房間，應該設立這種高窗，你會發現它的好處給人帶來生活上更舒適的感覺。

往外突出的窗，也頗有效用。在面積狹小的房間開個這樣的窗，房間就顯得寬敞，而突出部份的地板，算是多出了一塊可以利用的空間。

73 天窗太大——凶

・天窗奇大則陽氣大喪，家人必有橫禍（「家相秘笈」）

在前一項已經說明過，天窗帶來的亮度，與在室內看到的天空範圍內的亮度成正比。從天窗看天空，通常，幾乎沒有阻擋視線的東西，所以，不怎麼大的天窗，也能充分發揮採取亮度的作用。

「家相秘笈」中的這句話，指的是這一層道理。室內大亮，等於陽氣十足，本來是好事一樁，但是，若把天窗開得太大，反而會招來橫禍。

天窗太大反而不佳

室內太亮，在現代來說，也是一件壞事。房間的亮度，隨著它的目的、機能，有個適當的限度，超過那個限度，都會給人帶來精神上、肉體上的疲勞。這是專家經過實驗而得的結論。

窗的大小、位置，與採光、日照、通風大有關係，因此，難免會有太亮的窗。又，直射的日光進來時，室內也會產生明亮和灰暗的部份，所以，往往需要調整。

調節光線用的東西，有威尼斯百葉窗（Vonetin dlind）、窗簾、紙門、不透明玻璃等。

看實際上的必要實用它們，既能調節光量，也能柔化光線，使整個室內亮光普遍，住在那裏可就比沒有調節光量舒適多了。

因房間之不同而改變室內的亮度，這個道理當然也適用於照明。現代家庭的照明，每個房間幾乎都是在亮度上，沒有一個準，實在有改進的必要。

例如，孩子們的功課房，或是大人的工作房，就得使整個房間保持一定的亮度，手邊的照明，要更亮才行。

起居室和餐廳，應該比現在稍暗卽可。但是，爲了臨時急須，可以配置數個照明用具。天花板上的照明用具，不該只限於一個，應該設備可以自由使之暗、亮的幾個照明用具。房間的角落和主要的處所，還要設備枱燈，以便走到哪兒就能亮哪兒。

照明用具是造出室內氣氛不可缺的要素，應該多方配合運用。

74 寢具保持乾燥——吉

・臥床以高爲吉（「家相秘笈」）

這句話的意思是說，臥室的地板要高，藉此避免濕氣，保持乾燥。

乾燥，也可以說是現代寢室重要條件之一。

日式臥房主要的寢具是棉被。棉被的長處是移動簡單，所以，必須常常放在向陽的地方曝曬一番，做做日光消毒。

臥床要移動可就沒那麼容易了。由於底墊（mattress）太笨重，日光消毒的機會就大爲減少。

在狹小的房間擺放的床舖，也難以自然乾燥。從這個觀點來說，日式臥房就比較合乎衞生的條件。

西式臥房由於床本身固定佔用了一定的空間，那個房間就非變成專用的房間不可。

在臥房要換衣服的時候，如果至少沒有九十公分的空間，就有偪促的感受。要是擺放雙人床，一間臥房至少要有八蓆大小。

單人床的話，佔用的空間就不必那麼大，但是，想到夫妻中的一人生病，或是就寢時間不同等等因素，我就不敢大力推荐。

若是日式臥房，舖被時房間的大小和人數的關係大致是：三蓆大小的房間可以容納一個大人，或是一個小孩；四蓆半大小的房間可以容納一個大人，或是兩個小孩；六蓆、八蓆大小的房間，可以容納兩個大人，或是三個小孩……。

且從管理上的勞力來比較棉被和床舖。棉被雖然移動容易，早晚都要抱上抱下，也有點費力。床，可沒有這種麻煩，但是，每天也要有整理和舖床的作業，有時候，還得曬曬床墊，使它保持乾燥。

臥房若要造出情調，還是以西洋床爲宜。以床爲中心，把家具、窗簾、照明都統一在這個目的，做來並不太難。

總而言之，日式臥房和西式臥房各有長短，你可以參考上面的分析，選擇適合自己的一種。

75 屋簷在南邊——吉

・屋簷缺損，必有口舌之患，婚事將有大變。屋簷突出，屬吉，唯素行不端者必耽於驕奢，流於懦弱（「家相秘笈」）

這句話的意思是說：

南邊的屋簷，如果突出，對一個不懂得謹言愼行的人來說，恐有驕奢、懦弱之患，但是，整個說來，還算有吉利之相。屋簷如有缺損，口舌之禍必至，恐有婚姻不諧，鬧離婚而再婚的可能。

。

屋簷有三種用途：

㈠防止雨水從窗口或是其他開口部位進來。

屋簷之於房子，就像眉毛之於臉。房子如果沒有屋簷，雨水就直接吹入，弄得無法把窗開啟為了避開夏天的悶熱，卽使把開口部份弄得很大，這麼一來就失去了作用。

㈡遮掩夏天强烈的陽光。

若以陽光從七十八度的地方射進來說，把屋簷伸到約有窗的七成高那種長度，直射的日光就不會進到屋內。

在歐美諸國，由於窗戶不大，很少有屋簷的設備。屋簷可說是東方建築的一種特色。

㈢房子設計上的一個重點。

房子有屋簷，建築物本身就威嚴、莊重、典雅兼而有之。

屋簷伸出的長度，通常的設計是六十公分到七十五公分。這個長度，老實說，並不夠。

要使屋簷發揮出眞正的效用，伸出的長度，至少要九十公分，可能的話，伸到一．二公尺則更爲理想。

不過，屋簷若伸得長，屋頂的構造也要相對地加强。暴風雨來襲的時候，從屋簷下方刮上來的風力，可真是夠瞧的，屋頂的構造如果不夠牢靠，很可能把整個屋頂都掀掉。

屋簷的坡度，要比屋頂的坡度稍微緩一些。

屋簷的前端，以恰在窗或出入口的上方爲最理想，如果比這還在下面，在需要陽光的時候就遮住了陽光，影響到室內的亮度和空氣的新鮮。

屋簷如果做得太高，它的作用就完全消失，外觀上也變得不倫不類。

每個開口部位最好都有屋簷，尤其是房子的南邊。從這一點也可以知道，「家相秘笈」中的這句話，還活在現代建築學中。

76 車庫前面很寬——吉

・馬屋前方以寬敞爲吉（「家相全書」）

古時候的主要交通工具是馬，以此推論，馬屋應該是現代的車庫。

家相學上的看法是，馬屋前方以寬濶爲吉。這一點，正與現代車庫的條件吻合，說它是超越時代的眞理，也不爲過。

車庫前面以寬濶為吉

有關容納車輛的建築物——車庫，建築法中有相當嚴格的規定。

車庫必須以耐火性強的建材來建造。東京市對車庫的建造有如下的限制：

㈠車庫的出入口，必須低於道路一公尺。

㈡車庫前面的路寬，如果沒有六公尺以上，就不能造車庫。

這不正是「家相全書」說的「車庫前面以寬濶為吉」嗎？

車庫所佔的空間相當大，限制也嚴格，所以，一般有汽車的人，都把建地的某個角落充為車庫。這就是常見的車棚（Carpot）。

法律上並不承認這個現象，頂多只

能說是「默認」而已。

車棚通常都設在玄關前爲多。這是因爲大家把車子視爲財產之一的傾向還很强的緣故。汽車是實用的，論方便應該把它停放在厨房附近。

車棚的位置，最理想的是，從道路可以倒車而進的場所。前面的路如果太狹小，爲了轉彎容易，該有個適當的空間。

又，把汽車停放在木造的車庫內，並不算違反了法律，這是有點不合道理的事。當然，如果申請建造木造車庫，絕不會得到准許，但是，把汽車停放在木造的倉庫之類建築物，也不會有人前來干涉，因爲，在日本並沒有禁止這樣做的法律。

77 在儲藏室上面闢室而居——大凶

・下面爲庫房，上面爲住屋，是爲大凶（「家相秘笈」）

把儲藏室（或是倉庫）設在人所住的地方，未免太浪費了空間。反過來說，可以當做儲藏室的地方，就不適於人來住。

儲藏室上面不宜闢室而居

住家的空間和儲藏室，在機能上就有互爲矛盾的地方，所以，把兩者設在同一個地方，實在不好。「家相秘笈」指出的這一點，當然有相當的道理。

建材只限於木材、紙、土的古代，有這種觀念是理所當然的事。

把建築物的下面做通路，或是做爲儲藏室之類收放各類雜物的空間，上面的房間一到冬天就覺得很冷，濕氣也隨著產生出來。

歐洲人視寶如命，是因爲古時候經常刀兵四起，要確實保護財產，只有選擇攜帶方便的寶石之故。

而，戰爭帶給歐洲的是「地下倉庫」。

地下倉庫的用途是：收藏食品、財產的場所，同時也做敵人來襲時的避難所。在日本，由於建材不同，以及對住宅的觀念也大有差異，所以，少有「地下室」的設備。時至今日，卻掀起了一種流行——把地下室或半地下室闢爲倉庫，或是機器室。也有人採用排椿方式（pilotis，法語。高於地面，支持建築用），把下面當做倉庫或是車庫。

家相學上的這句話，也針對這個情況，指出必須注意構造和材質上的問題。特別是地板的底子，一定要做得相當牢固。做底子最適當的建材是水泥，或是灰泥、膠泥（mortar）。

以膠泥做底子的時候，爲了防濕，要先在水泥上舖以一層瀝青，上面再塗以膠泥，然後，使之乾燥，才算徹底，這樣才會充分發揮它的效用。

78 吉相之人住於吉相之家——大吉

• 地、宅兩吉，唯主人不正，則地、宅之吉亦無用。兵法有言：地理不如人和……。地、宅與人皆吉，是爲大吉（「家相秘笈」）

土地有吉相，房子的方位、配置也極其允當，但是，住在裏面的人，如果行爲不端，或是個不出息、不成器的人，一切都無濟於事。

這個道理就像打仗的時候，雖然佔盡了地利，但是，自己的軍隊，士氣不昂，缺乏團隊精神，到頭來也會大敗終場一樣。

在土地、住宅皆吉的情況下，屋主也是個奮發有爲的人，才會帶來幸福——「家相秘笈」中的這句話，要言不繁地指出了人生的一個至理。

這句話，在研討現代人的「住」，以及全盤性的建築問題時，也値得參考。

換句話說，它給了我們一種啟示——蓋房子必須十足活用住的人所擁有的目的。

我們常聽到下面的疑問：近來的建築，到底是建築爲了人而有，還是人爲了建築而有。

好多新建的住宅，也經常引起住戶的不滿。他們指出：設計新穎並不是壞事，但是，住起來怪舒坦地，光是外表新穎，如果缺乏實用性，有什麼用？

這些評語都是由於屋主的人生的目的，與房子的條件不一致而起。

這個責任到底該由誰來擔負？

首先，對屋主「生活的目的」未盡了解，或是雖然了解了，但是沒能使之實現的建築家，應該負一半責任。另一半責任應該由屋主來擔負，因爲，他事先沒把自己對「房子」持有的觀點，清楚地說出來。

之所以會發生這種事，追根究底，是在人生的目的、生活的目的日漸劇變所致。

每一個家族，都有那個家族特有的生活的目的、生活的形式。

不僅此也，同一個家族之中，每一個人的目的，可能又有差異。

近代家庭的特色之一，就是丈夫、妻子、孩子之間所扮演的角色，日漸分化，產生了近乎對等的關係。

對「住」的要求和關心，可說是丈夫、妻子、兒女各有不同。

想想，在「家」這一個「容器」之內，住的往往是目的彼此相反的人，你說，怎不會有不滿？

今後的「住」的問題，必須考慮到：

㈠如何使這些形形色色的要求，獲得滿足？

㈡如何應付變化不定的生活方式？

要做到這個地步，必須先把握自己「生活的目的」。對今後如何使它發展，也要有個估量。

我想，這才是解決問題的根本方法。

快樂健美站

自行車健康享瘦
跑步鍛鍊 走路減肥
創造健康的肌力訓練
舒適超級伸展體操
水中有氧運動
完美身材
創造超級兒童
SUPER KIDS.
簡單訓練 頭腦 聰明
SMART
防止老化的身體改造訓練
3個月塑身計畫
懶人族瑜伽
瑜伽
健身跑 身體的潛能
中華鐵球健身操
彼拉提斯健身寶典
pilates
全身保健操
瑜伽美姿美容
豐胸 做自信女人
easy yoga
輕鬆瑜伽治百病
瑜伽秀體 小品・Yoga
Hot Dance
熱舞瘦身 小品
Getting Slim
整形打造美麗
Beauty
排毒頻譜33式
Yoga
熱瑜伽
太極操

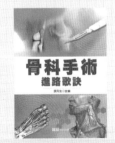

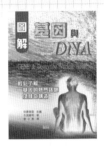

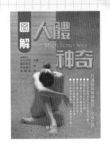

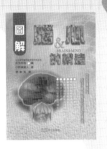

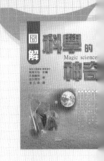

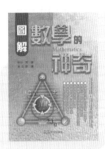

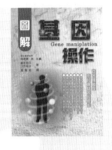

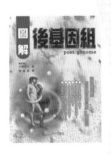

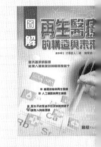

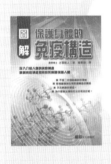

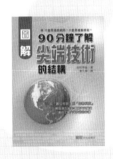

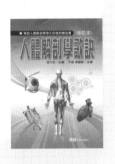

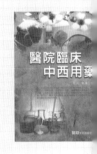

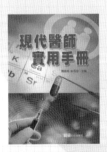

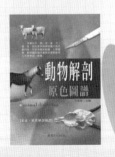

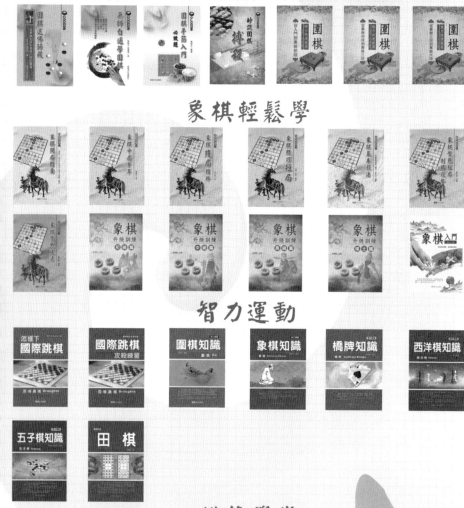

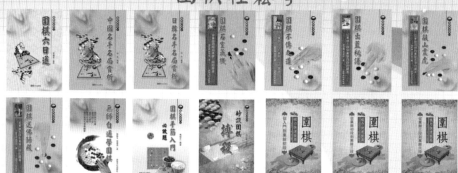

歡迎至本公司購買書籍

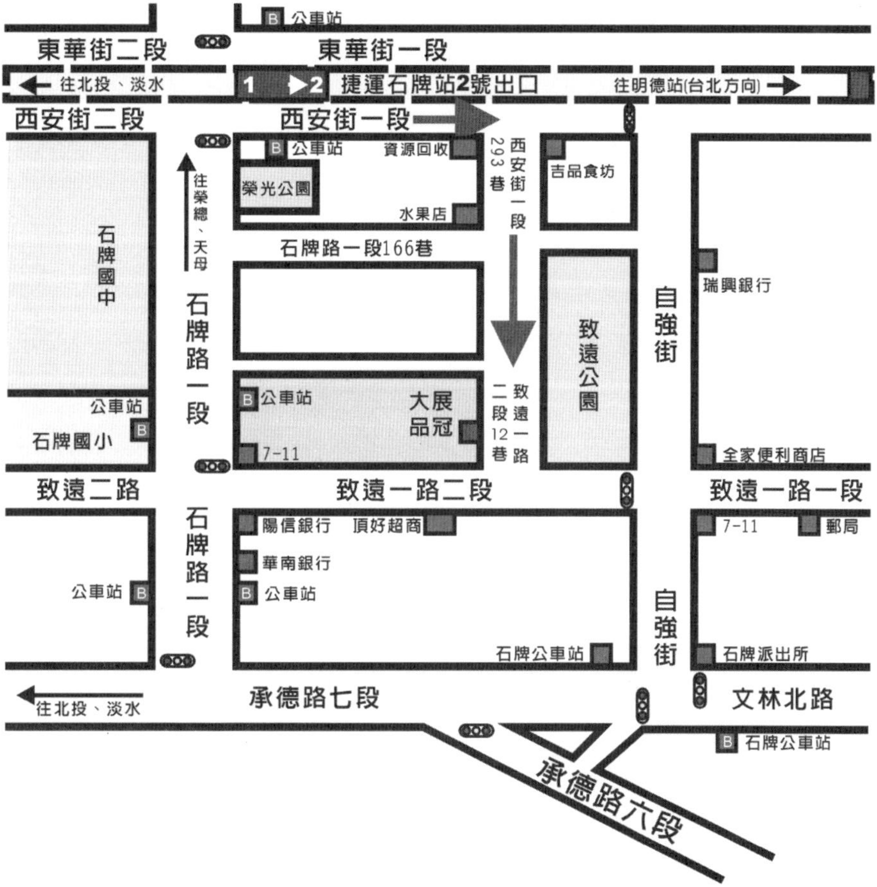

建議路線

1.搭乘捷運・公車

淡水線石牌站下車，由石牌捷運站２號出口出站(出站後靠右邊)，沿著捷運高架往台北方向走(往明德站方向)，其街名為西安街，約走100公尺(勿超過紅綠燈)，由西安街一段293巷進來(巷口有一公車站牌，站名為自強街口)，本公司位於致遠公園對面。搭公車者請於石牌站(石牌派出所)下車，走進自強街，遇致遠路口左轉，右手邊第一條巷子即為本社位置。

2.自行開車或騎車

由承德路接石牌路，看到陽信銀行右轉，此條即為致遠一路二段，在遇到自強街(紅綠燈)前的巷子(致遠公園)左轉，即可看到本公司招牌。

國家圖書館出版品預行編目資料

住宅風水吉凶判斷法 / 琪輝 著
－初版－臺北市：大展，民 80
面；21 公分－（命理與預言；8）
ISBN 978-957-557-170-2（平裝）
1. 相宅
294.1

住宅風水吉凶判斷法

著　　者 / 琪　　輝
發 行 人 / 蔡　森　明
出 版 者 / 大展出版社有限公司
社　　址 / 台北市北投區（石牌）致遠一路 2 段 12 巷 1 號
電　　話 /（02）28236031・28236033・28233123
傳　　真 /（02）28272069
郵政劃撥 / 01669551
網　　址 / www.dah-jaan.com.tw
E-mail / service@dah-jaan.com.tw
登 記 證 / 局版臺業字第 2171 號
承 印 者 / 傳興印刷有限公司
裝　　訂 / 眾友企業有限公司
排 版 者 / 千兵企業有限公司
初版1刷 / 1991 年（民 80 年） 9 月
二版1刷 / 2018 年（民107 年） 10 月
定價 / 260 元

大展好書　好書大展
品嘗好書　冠群可期

大展好書　好書大展
品嘗好書　冠群可期